Karin Grimm

Stb

Ngakpa Chögyam, Lama des tibetischen Buddhismus, international bekannter Meditationslehrer.

»Der Raum des Erlebens muß, damit man auf direkte Weise Erleuchtung erfahren kann, genau das sein dürfen, was er ist.«
Vielleicht trennt Sie also genau diese Suche von echtem Erleben, von natürlicher, in uns angelegter Erleuchtung. Mit Hilfe der eindrucksvoll zutreffenden Farb- und Elementsymbolik des tibetischen Tantras zeigt der Autor, auf welche Weise wir ganz persönlich unseren lebendigen Ausdruck steuern und überwachen. Wie Sie lernen können, die vom Kopf kontrollierten oder aber allzu ausufernden Emotionen frei fließen zu lassen, um das Leben in all seiner Vielfalt wahrzunehmen, erklärt Ihnen der Autor auf so humorvolle und begreifbare Weise, daß es leicht ist, den nächsten Schritt der eigenen Entfaltung zu erkennen.

Ngakpa Chögyam

Der fünffarbige Regenbogen

Energiearbeit mit der Farb- und Elementsymbolik des tibetischen Tantra

Stb

Die englische Originalausgabe erschien unter dem Titel *Rainbow of Liberated Energy* bei Element Books Ltd., Longmead, Shaftesbury, Dorset.

Ins Deutsche übertragen von Theo Kierdorf und Hildegard Höhr

ISBN 3-89767-485-8

Ab 2007: ISBN 978-3-89767-485-8

1. Auflage

Umschlaggestaltung: Murat Karaçay
Satz: Eleni Efthimiou
Herstellung: Reyhani Druck und Verlag, Darmstadt
www.schirner.com

Inhaltsverzeichnis

Teil 3

Teil 4

Dieses Buch ist in Dankbarkeit gewidmet:

Seiner Heiligkeit, dem vierzehnten Dalai Lama von Tibet;
meinen Lehrern, den Geist-, Energie- und Körper-Inkarnationen Padmasambhavas:
Seiner Heiligkeit Dudjom Rinpoche
Khordong Terchen Tulku Chhimed Rigdzin Rinpoche
Khamtrül Ngakchang Yeshe Dorje Rinpoche
und dem großen Meister des Dzogchen
Lama Namkhai Norbu Rinpoche.

Möge die weiße Übermittlungslinie zum Nutzen aller und überall gedeihen.

Danksagung

Danksagungen haben immer autobiographischen Charakter und könnten oder sollten länger sein als das Buch selbst. Während ich dies hier schreibe, wird mir klar, wieviel ich anderen verdanke. Deshalb bitte ich jene um Entschuldigung, die ich aus Platzmangel hier übergehen muß; ihr Fehlen in der Aufzählung ist keineswegs als Werturteil zu verstehen, denn die Auswahl erfolgte nach dem Maßstab emotionaler Nähe. Ich danke herzlich:

Meiner Frau Fruitbat Cutmore-Smith, deren reiche Erfahrung als feministische Psychologin mir eine unschätzbare Quelle der Anleitung und Inspiration war. Sie hat mich mit der humanistischen und transpersonalen Psychologie bekannt gemacht, was mich auf den Gedanken brachte, daß es eine sehr solide und brauchbare Brücke zwischen dem tibetischen Tantra und dem Leben in meinem Heimatland gibt. Ihre beständige Unterstützung und ihre intensive Ermutigung haben entscheidend zur Vollendung dieses Buchs beigetragen, ganz abgesehen davon, daß sie nie müde wurde, meiner notorischen Rechtschreibeschwäche korrigierend entgegenzuwirken.

Meinem lieben Freund Flaming Rainbow, einem Schüler des Chirokesen-Medizinmannes Hawk Little-John, danke ich für seinen Humor, seine Großzügigkeit, seinen Enthusiasmus und für seine kritische, aber auch verständnisvolle Würdigung des Textes im Verlauf der verschiedenen Entstehungsstadien. Es gab viele solcher Stadien, angefangen von der Wildnis von West-Wales und dem Frieden und der angenehmen Atmosphäre des Lam-rim-Zentrums in Raglan, wo ich Kurse leite, bis zu jenen aufregenden, fröhlichen und beängstigenden Eskapaden in abgelegenen Himalajagebieten, wo Rainbows Vorräte an Imodium und Stemetil unschätzbare Dienste leisteten.

Rainbows Haus ist stets voller Besucher, die seine Gesellschaft sichtlich genießen. Seine Erfahrung als Schamane und Arzt hat mir ebensoviel gegeben wie sein unbezähmbarer Esprit und seine Begeisterungsfähigkeit. Ich bin ihm sehr dankbar für die Erkenntnisse auf den Gebieten der Medizin und der Psychiatrie, die er mir vermittelte.
Auch meinem Bruder und Freund Graeham Smith und seiner Frau Jill danke ich hier; sie nahmen mich auf ihre Kosten in den Skiurlaub mit und stellten mir Fragen über das Leben, die nicht leicht zu beantworten sind. Besonders Graeham danke ich dafür, daß er mich mitten in einem heftigen Schneesturm zu einer besonders gefährlichen Abfahrt mitnahm, und zwar gleich am Tag, nachdem ich die ersten Grundbegriffe des Skifahrens erlernt hatte – das war eine große Lehre über die Natur der Angst.
Auch meiner guten Mutter, die nie über Toleranz, Güte und Mitgefühl sprach, deren Taten im Laufe der Jahre jedoch lauter gesprochen haben als alle Worte, danke ich. Sie hallen noch heute in meinem Leben nach in Form des lebendigen Wissens, daß Güte die einzige »relative Moralität« ist, die unser Leben in dieser Welt verändern kann.
Meinen Vajra-Brüdern, dem Ehrwürdigen Gelong Thubten Dadak, dem Ehrwürdigen Arnham Lama und dem Ehrwürdigen Tsering Lama danke ich für ihre Güte, Vitalität, Offenheit und Kameradschaft. Sie gaben mir viel Stärke in Zeiten, in denen ich dies brauchte.
Dank auch dem Verehrten Geshe Damchö Yönten, meinem hochgeschätzten Freund, der mich während der letzten zehn Jahre ständig auf den Arm genommen hat. Seit er mich bat, an seinem Zentrum zu lehren, habe ich wesentlich mehr zurückerhalten, als ich selbst je gegeben habe.
Dank der Verehrten Ani Tsultrim Zangmo, die 1984 starb und deren Persönlichkeit ich immer in Trauer vermissen werde. Tsultrim war in meinen Augen der einzige Mensch westlicher Abstammung, der (als tibetische Nonne) wirklich den Pfad *gelebt* hat und ihn mit Humor und Leichtigkeit in den westlichen Lebenszusammenhang einzubeziehen vermochte. Ihre

Integrität, ihr Pragmatismus, ihr vergnügtes Cockney-Glucksen und ihr schelmisches Augenzwinkern bleiben mir stets gegenwärtig. Als ich mit Geshe Damchö unter Rezitation von Mantras ihre Asche von der Spitze des Sugar Loaf Mountain in den Wind streute, sagten wir nicht »Leb wohl«, sondern »Komm bald zurück!«

Meinen Schülern danke ich auch, insbesondere Andy Hicks (Kunzang Dorje), Su Graves (Dawa Khandro), Brian O'Donovan (Nyima Dorje) und Caroline Tresise (Dechen Khandro). Ihre ehrlichen, direkten Fragen aus dem alltäglichen Leben lockten einen großen Teil des Materials, aus dem dieses Buch entstanden ist, aus mir hervor – ohne sie wäre der Text sicher trockener und ermüdender. Ihre Offenheit, Aufrichtigkeit und Güte leuchten mir als eine wichtige Lehre.

Auch meiner Freundin Sue Parkinson danke ich, weil sie mir zugehört hat und so viel zur Entstehung dieses Textes beigetragen hat. Sue verstand selbst die schwierigsten Passagen, aber ihr war auch klar, warum andere Menschen sie nicht verstehen würden. Dies half mir, den Text möglichst lesbar und verständlich zu gestalten.

Mein Dank gilt weiterhin meinem ersten Lehrer, Derek Crowe, der mich äußerlich drei Jahre lang am Bristol Art College die Kunst der Illustration gelehrt hat, mich jedoch innerlich auf den Weg nach Tibet brachte. Derek forderte mit seinem Motto »Unbegrenzte Flexibilität« das persönliche Wachstum vieler Studenten, die die von ihm geleitete Ausbildung für Illustratoren absolvierten.

Dank sei auch Jamyang Norbu, einst ein tibetischer Hippie, heute Bühnenautor im Tweedjacket, Bewunderer Orwells und Leiter des Tibetan Institute of Performing Arts. Danke, Jamyangla, für deine Freundschaft, deine köstliche Gesellschaft, deine phantastischen Geschichten, für deine Integrität und Intelligenz, für deinen Humor und für den indischen »Old Monk«-Rum.

Meinen Counselling-Klienten danke ich dafür, daß sie mutig die persönliche Herausforderung angenommen haben, mit ihren Emotionen zu arbeiten; sie haben mir viel gegeben.

Außerdem danke ich: Dr. David Fontana, Dr. Steve Glascoe und Sue Relph, Dr. Mo McManus, Dr. Pema Dorjee und Yeshi Khadro, Dr. John Crook, Prof. Jack und Barbara Parsons, Mike und Meg Smith in Montreal, Kanada, weil sie ihre Ängstlichkeit überwunden haben; 5 Cram für Sound; Steve Young für sein Wiederauftauchen; Ann Rimmer, Jay Jones und Chris Broadribb für Chi und Poesie; Pete Goodridge für das Dachfenster und dafür, daß er mich über die Natur von Dächern belehrte; Pete Davis dafür, daß er die Umgebung von Sang-ngakchö-dzong gestaltet und sie im alltäglichen Funkeln seines Praktizierens zum Leben erweckt hat; Lesley Christensen für den Schal; Jo und John Shane dafür, daß sie die sind, die sie sind; Harry, den Mönch von Tushita, den nettesten Westler, den ich je in Asien getroffen habe; Andy und Katie White dafür, daß sie immer da waren; Lee Bray für sein Grinsen; Mary Finnegan, Francis und Juliet Deas für Nga-chen und Chod-nga; James Low für seinen verrückten Humor und seine Ermutigung; meiner ganzen Vajra-Familie der Dzogchen-Gemeinschaft von Lama Namkhai Norbu Rinpoche.

Ngakpa Chögyam
McLeod Gary und Roath, Cardiff, 1985

Vorwort

Der Bitte, eine Einleitung zu Chögyams neuem Buch zu schreiben, komme ich mit Freude nach. Chögyam ist nicht nur außergewöhnlich, weil er den Pfad des tibetischen Tantra gewählt hat, sondern auch, weil er einer der fröhlichsten und positivsten Menschen ist, die ich je kennengelernt habe. In seinem Buch gibt er einen Überblick über einige der Ideen, die ihm geholfen haben, seinen glücklichen Zustand zu erreichen, doch ich werde mich hüten, ihm hier schon die Schau zu stehlen!

Vor ungefähr sieben Jahren habe ich angefangen, mich mit Meditation zu beschäftigen. Ich las ein wenig über Zen und hatte einen kurzen, aber leider recht fruchtlosen Flirt mit »TM«. Dann erzählte mir eines Tages ein Freund, in der Nähe gäbe es einen Mann, der vielleicht bereit sei, Informationen über die tibetische Form der Meditation zu geben: »Er ist ein wenig seltsam, aber ich glaube, du würdest mit ihm zurechtkommen.« Also suchte ich ihn auf. Ich wußte nicht so recht, was da auf mich zukam. An der Haustür empfing mich seine Frau und führte mich in den Meditationsraum. Ich war ein paar Augenblicke allein und schaute mir verwundert an, was mich umgab. Dieser Wohnraum eines elisabethanischen Hauses in Cardiff enthielt ein kleines Stück authentisches Tibet. Die Wände waren mit professionellem Geschick in breiten Farbstreifen gestrichen; wie ich später erfuhr, handelte es sich um die symbolischen Farben der fünf Elemente der Existenz. Butteröl-Lampen glimmten sanft. Aufgrund meiner medizinischen Ausbildung erkannte ich den Ursprung einiger Gegenstände im Raum sofort: Trompeten aus menschlichen Oberschenkelknochen und Schalen aus Menschenschädeln. Später erfuhr ich, daß diese Utensilien an den Tod erinnern sollen, was in unserem sterilen westlichen Leben äußerst wichtig ist. Ich kann mich noch lebhaft an meinen ersten Eindruck von Chögyam erinnern: Eindeutig war dies ein Mensch, der seine Disziplin ernst nahm; offensichtlich hatte er sich mit der Einrichtung des Raumes enorme Mühe gemacht. Als Chögyam in vollem tibetischen Ornat den Raum betrat, machte ich mir ein wenig Sorgen, seine Lehre könnte zu düster und ein wenig zu esoterisch für mich sein. Doch als ich sein warmherziges Lächeln sah, fühlte ich mich gleich besser. Er erklärte mir auf sehr prägnante und umfassende Weise die Kunst der Meditation; ich hatte das noch nie und habe es auch nie wieder so klar gehört. Sein Rat zeigte ungeahnte Wirkung bei mir. Seine Ratschläge erteilte er immer mit einem leichten Augenzwinkern und auf eine Art, die mir sehr gefiel. (»Schau, wenn du dich erschöpft und völlig gestreßt fühlst, dann versuche erst gar nicht zu meditieren, sondern sieh dir besser etwas im Fernsehen an. Guckst du Dallas?«) Wir wurden bald enge Freunde.

Ein paar Jahre später überredete ich die neurologische Abteilung des lokalen Krankenhauses, ein EEG von Chögyam zu erstellen, eine Darstellung der Aktivität seiner Gehirnwellen. Es gab dort ein paar Leute, die brennend gerne wissen wollten, ob zehnjähriges intensives geistiges Training eindeutige Auswirkungen auf das EEG des Betreffenden hat.

Kurz gesagt gibt es zwei Hauptarten von Gehirnwellen: Beta-Wellen, die mit bewußtem Denken oder mit Konzentration zu tun haben, und Alpha-Wellen, die in entspannten oder ruhigen Zuständen auftreten. Nun ist bekannt, daß die Alpha-Wellen-Aktivität durch eine Anzahl von Faktoren beeinflußt werden kann. Bei meditativen Zuständen ist dies sicherlich der Fall; einige Drogen wie Alkohol und Cannabis tun es in weniger starkem Maße; sogar ein scharfer Curry hat eine sichtbare Auswirkung. Ich erwartete deshalb bei Chögyam gewisse Abweichungen vom normalen Bild.

Nachdem die Elektroden an seinem Schädel befestigt waren, beobachteten wir die Bewegungen des Aufzeichnungsstiftes auf dem Papier, der die Muster seiner Gehirnaktivität in Reaktion auf verschiedene Instruktionen darstellte: »...Entspanne dich einfach… Ok, jetzt sollst du ein paar arithmetische Aufgaben lösen…« Die anfängliche Verblüffung der Beobachter verwandelte sich allmählich in Staunen; sie tuschelten aufgeregt miteinander. Was ging da nur vor? War die Maschine denn wirklich richtig angeschlossen? Die Leiterin der Abteilung, die sich bis dahin im Hintergrund gehalten hatte, warf einen kurzen, spöttischen Blick auf Chögyam und beugte sich über das EEG-Gerät. Sie las noch einmal die Betriebsanleitung durch und hantierte fachmännisch an zahlreichen Knöpfen. Ihr Stirnrunzeln vertiefte sich, da der Stift stetig das gleiche langsame, ausgeglichene Bild völliger Entspannung aufzeichnete. »Das gibt es doch gar nicht!« sagte sie. »Augen schließen… jetzt öffnen!« Das verursacht normalerweise einen ruckartigen Wechsel von Alpha- zu Beta-Wellen.

Ich versuchte, nach außen hin ruhig zu bleiben, doch innerlich war ich fassungslos. Nachdem sich die halbe neurologische Abteilung um das Elektroenzephalogramm versammelt hatte, bat man ihn, »wütend« zu sein. Ich glaube, Chögyam war einen Augenblick lang ein wenig verwirrt – so sah er jedenfalls aus. Ich schlug ihm vor, er könne ja eine »Manifestation des Zorns« eines der Bewußtseins-Wesen des tibetanischen Tantra visualisieren. Da plötzlich raste der Stift wie wildgeworden über das gesamte Papier. Als die Elektroden schließlich von seinem Schädel entfernt wurden, herrschte atemlose Stille im Raum. Später äußerte sich Chögyam in seiner typischen bescheidenen Art über die ganze Sache: »Meine Lehrer hätten diesen Stift dazu bringen können, ihre Namen in tibetischer Schrift zu schreiben, wenn sie das gewollt hätten.«

Harte Arbeit scheint tatsächlich zu Resultaten zu führen, obgleich man in Chögyams Fall, wie ich bereits sagte, kein EEG braucht, um dies zu beweisen. Chögyam beschäftigt sich mit der Kunst des Lebens: wie man in diesem riesigen Ameisenhaufen der westlichen Gesellschaft mit Anmut und Humor leben kann.

Die Techniken, die Ngakpa Chögyam lehrt, sind sehr subtil, doch gleichzeitig auch höchst einfach. Die in diesem Buch beschriebenen Ideen haben keinen hochtrabend esoterischen Anspruch, sondern sind erstaunlicherweise ganz elementar und unmittelbar. Sie kreisen um das Thema, wie man am besten mit den Widrigkeiten des alltäglichen Lebens umgeht. Ich wünsche Ihnen viel Spaß beim Lesen. Oh, falls ich es noch nicht gesagt haben sollte: Danke, Chögyam!

Stephen Glascoe, MB, CHB, MRCGP
Riverside Health Centre, Cardiff, im April 1985

Klarheit – Sel(gSal)

Einleitung

Unser Sein ist ein leuchtendes Energiemuster: ein Spektrum von Möglichkeiten.
Wir könnten die »offene Dimension« unseres Seins in jedem Augenblick erfahren, doch der erwachte Geist scheint ziemlich weit weg von dem Ort zu sein, an dem wir uns zur Zeit befinden, verwirrt und irritiert durch unsere Emotionen.
Einige von uns haben vielleicht versucht, sich durch eine Tyrannei des Willens zu zügeln. Wir unterdrücken unsere Emotionen, weil wir die Unruhe, die sie erzeugen, nicht ertragen. Uns dem freien Fluß der Emotionen zu öffnen, scheint uns gefährlich. Was könnte dann nicht alles passieren! Vielleicht würden wir schmerzhafte Erfahrungen machen, vielleicht würden wir auch mit Erfahrungsbereichen konfrontiert werden, die uns in große Schwierigkeiten bringen. Es könnte ziemlich unangenehme Folgen haben. Möglicherweise müßten wir sogar Annehmlichkeiten und Sicherheiten opfern. Offenbar sind wir zu der Ansicht gekommen, wir müßten »vernünftig« sein, um ein angenehmes und störungsfreies Leben nach unseren Wünschen führen zu können. Wir scheinen davon überzeugt, daß freier Ausdruck von Emotionen etwas ziemlich Unangenehmes ist. Wir sind ständig bemüht, einen kühlen Kopf zu bewahren. Unser Kopf ist mittlerweile so kühl, daß es in unserer Welt deutlich kälter geworden ist und unsere Beziehung zu unserer Umgebung ein wenig steif und frostig.
Die gleiche Art von nervöser Logik könnte uns auch zu der Überzeugung bringen, daß wir uns über unsere Emotionen erheben sollten. Vielleicht versuchen wir sogar, eine Form von pseudo-spiritueller emotionaler Sterilität und Impotenz an ihre Stelle zu setzen und eine Art verfeinertes, ätherisches, aber blutloses Wesen zu werden. Dann bleiben wir unberührt von

der dynamischen Erdhaftigkeit des Lebens und vergessen schnell, was wir da verloren haben, etwa nach dem Motto: »Wer braucht in der Stratosphäre emotionale Tiefe?« Unser Körper erscheint uns dabei als eine Last, denn wir würden lieber in eine andere Wirklichkeit fliegen, in der alle Wesen ständig lächeln. Allerdings könnten wir dort niemanden berühren, und auch uns würde niemand berühren.

Die Unterdrückung der Emotionen und die Vergötterung des Willens kann als sehr rechtschaffen und zweckmäßig erscheinen. Wir glauben, mittels größerer Effizienz jeden Mangel an Vitalität ausgleichen zu können. Das ist etwa so, als würden wir das Leben fein säuberlich mit Klebeband umwickeln. Wir haben uns einer Art von emotionaler Lobotomie unterzogen, und uns bleibt nur der zweifelhafte und etwas vage Trost, »die Situation unter Kontrolle zu haben«. Es ist ungefähr so, als würden wir sagen: »Ich weiß, daß mein Leben ein wenig eingeschränkt ist, seit ich beschlossen habe, mich in diesen Rollstuhl zu setzen, aber ich werde mir jetzt bestimmt nicht mehr den Knöchel verstauchen.«

Anderen mag die Furchtsamkeit und die Öde, die diese Art von Kontrolle erzeugt, als wenig befriedigend erscheinen. Sie bevorzugen vermutlich ein Leben nach Lust und Laune oder wilde Leidenschaft und halten dies für »die einzig wahre Art zu leben«. Wenn wir so leben, überlassen wir uns unseren Impulsen und pendeln ständig zwischen Extremen: Schmerz und Freude, Agonie und Ekstase, Tragödie und Komödie, Langeweile und besessener Geschäftigkeit. Man könnte sagen, Intensität sei unser Bezug zum Leben – als wäre Intensität ein eigenständiger Wert! Unsere Verstrickung in Emotionen, die Höhen und Tiefen unseres Lebens erscheinen uns dann möglicherweise als die »bunte Tapete des Lebens«. Dies ist ein entsetzlich romantisierendes Klischee, denn aus dieser Sicht erscheinen uns Schmerzen, die wir überstanden haben, nachträglich als Gewinn, was allerdings bei aktuellen Schmerzen keine große Hilfe ist.

Wenn wir uns auf der Suche nach Intensität unseren Impulsen überlassen, wird unser Leben sehr »erdhaft«. Wir erfahren dann die Erde häufig, indem wir auf sie fallen. Manchmal ist es, als würden wir mit Höchstgeschwindigkeit aufprallen. Unser Kontakt mit der Erde ist äußerst explosiv – der Rückstoß wirft uns aus dem Gleichgewicht, und die Querschläger heulen uns gefährlich nahe um die Ohren. Unser Kontakt mit anderen Menschen besteht darin, daß wir ständig frontal mit ihnen zusammenstoßen und immer wieder emotionale Verletzungen erleiden. Der Kontakt mit der Erde weckt unsere tierische Natur, und unsere Beziehung zu allen Elementen wird extrem. Dies ist offensichtlich ein starker Angriff auf unser sinnliches Wesen. Doch von diesem Bombardement nähren wir uns: Wir erleben Feuer und Wasser in direktem Konflikt, wir werden »ausgewaschen«, »ausgebrannt«, »ausgeblasen« bis zum abschließenden »Spacing out«. Danach erleben wir die Erde wieder im Zustand der Erschöpfung und des Nichtbegreifens: sensorische Überlastung – völlige Zerstörung.

Beide Verhaltensarten – Kontrolle ebenso wie Sich-gehen-Lassen – vermeiden die direkte und nackte Konfrontation mit der wahren Natur unserer Energien. Wir erleben uns und unsere Welt, unser Sein oder unsere Sphäre der Wahrnehmung nie wirklich. Es ist wichtig, daß wir unsere emotionalen Energien einfach und direkt erleben. Unsere Emotionen sind ein Spektrum flüssiger und fließender Energien, und sie zu erforschen, ist das Anliegen dieses Buches.

Vielleicht glauben wir, nicht die geeigneten Qualifikationen für irgendeine Art von mystischem Pfad zu haben. Oder wir meinen, »spirituelle Menschen« besäßen eine grundlegend andere Qualität, etwa spezialisierte »spirituelle Organe«, die uns fehlen. Vielleicht glauben wir auch, Übungen seien für »fortgeschrittene Wesen« zu deren »Realisation« gedacht oder nur für bestimmte Persönlichkeitstypen geeignet. Von uns selbst hingegen nehmen wir entweder an, wir stünden mehr »auf dem Boden der Tatsachen« oder wir seien zu prosaisch für so etwas.

Vorstellungen dieser Art gehen völlig an der Wirklichkeit vorbei, denn sie negieren, daß *alle* menschlichen Wesen einzigartige Fähigkeiten besitzen. Vielleicht haben wir nie darüber nachgedacht, daß unsere Emotionen Spiegelungen unserer erwachten Potentiale sind: ein Regenbogen befreiter Energie.

Teil 1

Teil 1

Im Kreis gehen – Khorwa ('Khor-ba)

1

Miasmen eingeengter Energie

Jede Emotion enthält unbegrenzte Möglichkeiten.

Jede Emotion, jedes Gefühl und jede Empfindung, die wir erleben, ist ein Ausdruck der Erleuchtung – eine Manifestation unseres Spektrums ausstrahlender Energien. Doch fast immer sind unsere Emotionen verzerrte Spiegelungen jener Energien. Die ergibt sich daraus, *wie* wir ihre natürliche Manifestation durch unsere intellektuellen Winkelzüge behindern. Ob wir unsere Emotionen einfrieren oder ob wir uns von ihnen überschwemmen lassen: In beiden Fällen besteht eine Beziehung zu unserem wesenseigenen, aber noch nicht manifestierten Erleuchtetsein. Erleuchtetsein ist Bestandteil unserer menschlichen Natur. Ob wir wach sind oder schlafen, in jedem Fall sind wir menschliche Wesen – und wenn wir schlafen, so können wir auch aufwachen. Aufwachen bedeutet zu erkennen, daß unsere verwirrten Emotionen Alpträume waren und daß unsere Träume, wie angenehm sie auch sein mögen, eben doch nur Träume sind. Doch unsere Träume haben eine Verbindung zum Leben im Wachzustand, und unser »Stil«, die spezielle Art, wie wir unsere Energie einengen, ist dynamisch verbunden mit der uneingeschränkten Entfaltung unserer befreiten Energien. Dies ist das Positivste, das wir jemals hören werden. Es ist wirklich eine frohe Botschaft. Gut und Böse als völlig getrennte Energiefelder existieren nicht! *Jeder* Zustand des Geistes kann befreit werden – keiner ist zu gut oder zu schlecht dazu. Jeder Augenblick ist eine Möglichkeit, jedem negativen Geisteszustand ist etwas von der Qualität eines Aspekts unseres natürlichen, befreiten Seins eigen. Jeder Gedanke, jedes Gefühl, jede Empfindung oder Handlung *Ist* Erleuchtung – doch wir merken es nicht. Wenn wir ein Glas

Wein trinken, ein Stück Käse essen, Geschirr abwaschen, Essen kochen, einen anderen Menschen lieben, einkaufen gehen oder uns mit einem Hammer auf den Daumen schlagen, die Erleuchtung *ist immer da* – wir sind niemals von ihr getrennt. Es besteht keinerlei Notwendigkeit, irgendwo anders nach der Erleuchtung Ausschau zu halten als dort, wo wir ohnehin sind. Unerkannt ist sie ständig da. Zweifellos versuchen wir ein Gleichgewicht wiederherzustellen, wenn wir unsere Emotionen unterdrücken; und natürlich ist, wenn wir uns den Höhen und Tiefen unserer Gefühle überlassen, eine Qualität des Offenseins präsent.

Doch *warum* engen wir unsere Energien ein? Was hindert uns daran, unser Erleuchtetsein zu erkennen, wenn es doch ohne Anfang und immer präsent ist? Wie können wir die Ruhe des Gleichgewichts und die lebensprühende Kreativität der Offenheit im gleichen Erleben entdecken? Um die Antworten auf diese Fragen zu finden und zu begreifen, müssen wir tiefer verstehen, was wir sind und wie wir funktionieren. Intellektuelle Spekulation wird uns dabei nicht viel weiterbringen. Um zu verstehen, was wir sind, um unser unkonditioniertes Wesen zu erkennen, müssen wir mit einfacheren Methoden arbeiten. Wir müssen den Raum entdecken. Der Raum muß in unserem Erleben *genau das sein können, was er ist.* Diese Aussage mag schockierend sein und auch etwas mysteriös, wenn wir uns nicht die Zeit nehmen, unser Erleben in Frage zu stellen. Was finden wir, wenn wir es untersuchen? Vielleicht sollten Sie jetzt das Buch einmal zur Seite legen und dies ausprobieren.

Beim Versuch, die Natur unseres Erlebens zu untersuchen, entdecken wir vielleicht etwas sehr Eigenartiges: Dies ist nicht möglich, ohne daß die Untersuchungsmethode selbst zu einem Teil des Erlebens wird. Der Prozeß des intellektuellen Untersuchens wird selbst zum unmittelbaren Erleben. Wenn wir die Natur unseres Erlebens mit dem Verstand suchen, werden wir sie nie finden – der Verstand kann nicht über seine Grenzen hinaus. Die lebendige Qualität des Erlebens existiert nur im gegenwärtigen Augenblick. Sobald wir sie analysieren, wird unser Tun zu einer Art historischer Untersuchung – als

würden wir uns in ein kühles Archiv verkriechen, um Bilder von sonnigen Tagen zu betrachten, obwohl wir draußen einen Sonnentag direkt erleben könnten.
Dies ist der Ursprung der Dualität. Wir teilen das Erleben in zwei Bereiche auf. Reden über Brot und Backen werden zu zwei separaten Phänomenen, was nicht besonders sinnvoll ist. Wir tun so, als seien die Wahrnehmung und das, was wir wahrnehmen, voneinander unabhängig – als könnte man das Bakken vom Brot und das Brot vom Backen trennen. Mit Hilfe dieser aufspaltenden Logik schaffen wir eine analytische Distanz vom unmittelbaren Erleben. Wenn wir das Erleben in zwei Bereiche aufteilen, die eigentlich unteilbar sind, verlieren wir unser »Wissen« und tauschen es gegen »Bescheidwissen« ein. Eine Trennung zwischen der Wahrnehmung und den wahrgenommenen Phänomenen kann es letztlich nicht geben. Wahrnehmung und Wahrgenommenes erzeugen einander – der erleuchtete Geist ist ungeteilt. Die Wahrnehmung und das Wahrgenommene sind völlig und gänzlich voneinander abhängig, und ihre fundamentale Unteilbarkeit *ist* die Natur des Erlebens. Deshalb lautet die Antwort auf unsere Frage: Alles, was wir finden, wenn wir versuchen, die Natur unseres Erlebens zu untersuchen, ist unser eigener Kommentar dazu.
Wir alle schätzen die Qualitäten der Unmittelbarkeit und Spontaneität, und wir können uns alle an magische Augenblikke in unserem Leben erinnern, in denen sich unser Bewußtsein auf natürliche Weise erweiterte, in denen ein gewisses Gefühl von Raum da war; alles geschah einfach, verbunden mit einem gewissen Gefühl von Leichtigkeit und Staunen. In solchen Augenblicken hatten wir aus irgendeinem Grunde vergessen, unsere vorstrukturierten Konzepte mit dem aktuellen Erleben zu vermischen. Das erste Verliebtsein kann sich so auswirken. Unser Erleuchtetsein ist immer präsent und blitzt von Zeit zu Zeit auf. Es ist nichts künstlich Konstruiertes, sondern es ist da und wartet darauf, von uns entdeckt zu werden.
Erleben ist total. Erleben ist, was es ist – es durchdringt alles und ist unmittelbar. Es ist von Natur aus unbegrenzt. Man kann ihm nichts hinzufügen oder etwas von ihm wegnehmen,

ohne daß es verfälscht oder indirekt wird. Sobald wir unser Erleben in Wahrnehmung und Wahrgenommenes unterteilen, trennen wir uns davon ab. Dies ist, was als »Ich« bezeichnet wird, jener Zustand der Dualität, den ich im weiteren Verlauf des Buches als *Zerstreut-Sein* bezeichnen werde. Das Wort »Ich« ist mit zu vielen Bedeutungen behaftet, als daß es mir persönlich in meinem Erleben noch von Nutzen sein könnte, deshalb werde ich von jetzt ab statt dessen die Begriffe *Zerstreut-Sein* und *Befreit-Sein* für »Ich« und »Ichlosigkeit« verwenden. »Zerstreut-Sein« soll ausdrücken, daß unser Erleuchtetsein und unser Unerleuchtetsein nicht voneinander zu trennen sind. Wir waren nie von unserem Erleuchtetsein entfernt, dies scheint nur so, weil wir wie besessen versuchen, unser Erleben zu unterscheiden.

Da es jedoch nicht möglich ist, Erleben auf diese Weise einzuteilen, bringen wir uns in eine wenig glaubhafte Situation – wir stellen uns vor, daß diese Aufspaltung unserem Wesen eigen ist. Dies wird als Illusion oder als *indirektes Erleben* bezeichnet, als Leben in einer Traumwelt, die nur entfernt mit *direktem Erleben* zu tun hat.

Unmittelbare Präsenz im Erleben ist unser natürlicher Zustand – alles andere ist das seltsame, finstere oder lyrische Gespinst unserer Träume. Dennoch ist es eine Tatsache, daß wir uns in diesem komplexen, selbstgeschaffenen Truggebilde befinden und uns mit unseren Gedanken ständig im Kreis um uns selbst drehen. Damit will ich keinesfalls sagen, daß unsere intellektuellen Fähigkeiten generell fehl am Platz sind – sie sind wertvoll für uns und können uns in ihrem Bereich hervorragende Dienste leisten. Problematisch ist, daß wir konditioniert sind, uns mit Hilfe unseres Intellekts vom direkten Erleben abzubringen. Wir beurteilen unsere Wahrnehmungen stets als gut, schlecht oder indifferent, und bei dieser bizarren, zwanghaften Prozedur verliert unser Erleben alle Frische. Wir leben von alten Brotkrusten und bemühen uns nach Kräften, sie zu genießen, was uns allerdings nie so recht gelingt. Wir können sie mit Wasser bespritzen und sie dann toasten, und mit genügend Marmelade oder Honig gehen sie vielleicht tatsächlich noch als Essen durch. Dennoch wissen wir, daß uns ein gutes frisches Brot wesentlich besser schmecken würde. Mit den vertrockneten Resten könnten wir dann immer noch die Enten füttern.

Weil unsere Wahrnehmung geformt und daher indirekt ist, beruht unsere Welt nicht auf einer stilisierten Wahrnehmung, mit der wir so umgehen, als sei sie real.

Wir ähneln Kindern, die mit Puppen spielen – doch wir erwarten von diesen Puppen, daß sie tatsächlich einmal erwachsen werden. Meiner Meinung nach ist Kindern irgendwie klar, daß sie ein Spiel spielen. Aufgrund dieser unrealistischen Erwartung können unsere Reaktionen, Interaktionen und Beziehungen stark verzerrt und unangemessen sein – kein echtes Erleben, keine echte Wahrnehmung, keine echte Reaktion: eine unechte Welt.

Damit Erleben den Raum hat, genau das zu sein, was es ist, müssen wir eine Art »Urlaub vom Greifen« nehmen. Wir dürfen also die von uns wahrgenommenen Phänomene nicht mehr so besessen zu (Sicherheit gebenden) Bezugspunkten machen. Ein manischer Zwang treibt uns, alles, was wir wahrnehmen, verifizieren zu wollen. Wir versuchen alles auf die uns bekannten Kategorien zu beziehen – wie eine Sache sich zu einer anderen verhält und wie sie in unser System hineinpaßt. Wir verstehen die Welt im Sinne früherer Erfahrungen: Objekte oder Ereignisse erhalten einen Sinn, wenn wir sie anderen Objekten und Ereignissen zuordnen können, von denen wir leichtfertig annehmen, wir verstünden sie. Es scheint wichtig für uns zu sein, daß alles, was wir in der Welt erleben, in sich widerspruchsfrei ist. Dies ist ein kompliziertes, schillerndes Spiel mit unzähligen Winkelzügen, die uns ständige Ablenkung garantieren. Der Prozeß umfaßt sogar die unangenehme Anarchie des »Unbekannten«: wir bezeichnen es einfach als »Mysterium«. Ist es als »Mysterium« klassifiziert, so können wir es problemlos mit unserem konventionellen Verstehen vereinbaren. Ebensogut könnten wir laut loslachen und die ganze Struktur in sich zusammenbrechen lassen, doch statt dessen versichern wir uns ständig selbst, daß wir uns durchaus vernünftig verhalten. Schließlich müssen wir unserer Welt einen Sinn geben. Müssen wir das wirklich? Uns selbst hiervon zu überzeugen, kann eine Menge Zeit kosten – das tut es sogar mit ziemlicher Sicherheit. Doch unsere Welt *hat* ihren Sinn; es besteht daher keinerlei Grund, ihr einen künstlichen Sinn überzustülpen.

Der Sinn unserer Welt ist unmittelbar und spontan ersichtlich. Wir können ihn umarmen, wir können von ihm umarmt werden, wir können tanzen, aber nur wenn wir das von uns wie besessen verteidigte, vorgeprägte Verständnissystem loslassen. Unsere Welt ist nicht statisch. Es gibt keine Maßstäbe, die immer gelten, denn jede Situation ist frisch und neu. Wie kommen wir dazu zu glauben, daß wir unserem Erleben durch das Schlüsselloch zuschauen könnten? Warum wollen wir das Leben nach unseren eigenen Vorstellungen neu schaffen? Sind wir wirklich so überzeugt davon, daß wir die Phänomene in eine von uns selbst geschaffene Matrix pressen müssen, damit das Leben für uns auf allen Ebenen verstehbar wird? Jetzt werden die Fragen allmählich sehr interessant, denn wir stellen fest, daß wir, je mehr wir fragen, um so mehr über das »Zerstreut-Sein« herausfinden. Es ist schon ziemlich merkwürdig, über die Entdeckung der Natur des Zerstreut-Seins zu sprechen. Wenn wir über unseren offensichtlichen Zustand sprechen – also darüber, wie wir sind –, könnte eingewendet werden, daß es nichts zu entdecken gäbe, es sei ja alles offensichtlich. Doch verstehen wir vieles über uns selbst nicht. Nehmen wir nur die Art, wie wir gehen. Wenn jemand uns fragen würde, wie wir gehen, würden wir wahrscheinlich antworten, daß wir es einfach tun – wir setzen einen Fuß vor den anderen und gehen. Wir könnten auch sagen, daß wir es als Kinder gelernt haben; unsere Eltern haben uns geholfen, mit dem Gleichgewichtssinn herumzuexperimentieren, und jetzt ist das Gehen für uns ebenso natürlich wie Schwimmen, Radfahren oder Skilaufen. Wenn wir ein wenig darüber nachdenken, merken wir, daß wir über eine riesige Menge solcher Fähigkeiten verfugen. Wir haben die Fähigkeit, uns an bestimmten Geschmäcken zu erfreuen, Musik zu hören und

Gemälde oder Filme anzuschauen. Vielleicht haben wir uns nie darüber Gedanken gemacht, daß dies Fähigkeiten sind, die wir einmal erlernt haben. Nicht alle Menschen sind der Meinung, daß wir das riesige Spektrum unserer sensorischen Wahrnehmungsmöglichkeiten erlernt haben. Doch wenn wir an die vielen Speisen und Getränke denken, die wir im Laufe der Zeit zu schätzen gelernt haben, müssen wir zugeben, daß es zumindest in diesem Bereich zutrifft. Wenn wir darüber nachdenken, daß das Gehen uns als so einfach erscheint, so ist es sicher interessant zu hören, wie mühsam Roboter gehen lernen. Dazu wurde der Prozeß des Gehens von Computern analysiert und dokumentiert. Mit diesen Informationen versuchten dann Wissenschaftler, menschliches Gehen nachzuahmen. Aus der Sicht der Ingenieurswissenschaft ist der Prozeß des Gehens, den wir als einfach empfinden, so komplex, daß er mit den heute verfügbaren technischen Möglichkeiten nicht nachzuahmen ist! Beim Versuch, die Drehung des Hüftgelenks genau zu beschreiben, stellte sich heraus, daß ein Punkt auf der Hüfte im Verlaufe einiger Schritte äußerst komplizierte Windungen vollführt. Die Gelenke bewegen sich sowohl vertikal als auch lateral, und mechanische Gelenke, die diese Funktion ebenso geschmeidig erfüllen könnten wie der menschliche Bewegungsapparat, wären nur durch jahrzehntelanges Experimentieren herzustellen. Der menschliche Körper vollführt Tausende von genau ausbalancierten Bewegungen, die durch Muskeln, Sehnen und Bänder koordiniert werden, und die Versuche, diese Bewegungen künstlich nachzuahmen, zeigen uns, wie phantastisch komplex das auf den ersten Blick als so einfach erscheinende Gehen tatsächlich ist. Und wir *tun* es einfach! Nun haben wir also über unsere physischen Fähigkeiten und über die Fähigkeiten unserer sinnlichen Wahrnehmung gesprochen.

Doch wie steht es mit der Welt der Ideen? Wie steht es mit der Struktur des Denkens und mit der komplizierten Geographie unserer Persönlichkeit? Die Welt der Ideen ist komplexer und auch raffinierter. Wenn wir darüber nachzudenken versuchen, wie wir denken, haben wir uns nicht gerade das Leichteste vorgenommen. Offensichtlich sind wir durch unseren Stil oder unsere Art zu denken begrenzt. Manchmal muß etwas, das sich vom Denken unterscheidet, das Denken anschauen, und dieses »etwas« ist die »offene Dimension« unseres Seins – die Entdeckung des Raums durch Meditation, womit wir uns im nächsten Kapitel beschäftigen werden.

Wir wollen nun zu unserer Frage und zur Erforschung der bekannten und gleichzeitig doch unbekannten Landschaft des Zerstreut-Seins zurückkehren. In einem relativen Sinne ist unser Sein vom reinen Sein abgelenkt und streunt unentwegt in einem Gewirr miteinander verbundener Fiktionen umher – den aufspaltenden, etikettierenden und beurteilenden Dienststellen unserer konzeptuellen Bürokratie. Es scheint, als müßten wir unsere Welt unentwegt nach Versicherungen dafür absuchen, daß wir wirklich existieren. Irgendwie zweifeln wir an unserer Existenz, und das stört uns. Viele Menschen werden sagen, daß sie keineswegs an ihrer eigenen Existenz zweifeln – sie seien ebenso wirklich wie jeder andere, sie wüßten, daß sie existierten, und außerdem fühlen sie sich wahrscheinlich schon allein durch die bloße Frage verärgert und beleidigt. Doch das ist nicht ganz ehrlich. Haben wir wirklich ihre Intelligenz beleidigt, oder ist das Leugnen des Zweifels eine Angstreaktion? Wenn wir so überzeugt von unserer eigenen Existenz sind, warum suchen wir dann ständig nach Versicherungen und Beweisen dafür? Wenn wir leugnen, daß wir das tun, so braucht das nicht unbedingt zu überraschen; vielleicht können wir in dieser Beschreibung unser alltägliches Tun nicht wiedererkennen.

Es ist nicht einfach für uns, unsere Art zu leben als Prozeß des Zweifelns zu sehen, denn wir sind so sehr in unsere Ablenkungsmaschinerie eingespannt, daß wir felsenfest glauben, unsere Handlungen und Motivationen seien »natürlich«. Zweifel gleicht einem Chamäleon: Er verfärbt sich entsprechend unseren emotionalen Schwankungen. Doch woher kommt der Zweifel? Unser Zweifel an unserer eigenen Existenz ist sowohl ein Aspekt unseres Erleuchtetseins als auch das Echo unserer Angst vor dem Raum. Das Leben soll uns als gesichert bestätigen, was nicht zu bestätigen ist: daß wir fest, getrennt, dauerhaft und beständig sind. Doch nichts, aber auch gar nichts, das je existierte oder existieren wird, hat diese Eigenschaften. Da unsere Existenz diesen Kriterien nicht entspricht, ist unser Versuch, unsere Existenz auf diese Weise abzusichern, zum Scheitern verurteilt.

So vernichten wir die leuchtende Unmittelbarkeit unseres Erlebens durch unsere unentwegten Versuche, Bezugspunkte zu schaffen. Dies ist unser großes Problem. Wir kämpfen einen Kampf, den wir nur verlieren können. Nichts wird je ein verläßlicher Bezugspunkt für uns sein. Deshalb können wir es ebensogut gleich lassen. Phänomene sind nicht fest, dauerhaft, abgetrennt und beständig, weshalb sie uns auch nicht den Beweis liefern können, daß wir in dieser Hinsicht anders sind. Alles, worauf wir im Leben stoßen, ist von Natur aus unbeständig und von begrenzter Dauer. Selbst Phänomene, die uns überleben werden, müssen wir zurücklassen, wenn wir sterben, und wir selbst gehen dann unseren Freunden und Geliebten verloren. Unbeständigkeit ist nicht nur eine Qualität der Phänomene in bezug auf ihre Dauer, sondern es spielt außerdem noch eine Rolle, wem sie gehören und wie weit sie entfernt sind. Unser geschätzter Besitz mag noch viele Jahre vor sich haben, aber möglicherweise nicht als unser Eigentum. Alles, was wir besitzen, kann gestohlen werden oder muß vielleicht irgendwann wegen plötzlichen Geldmangels verkauft werden. Noch komplizierter verhält es sich mit unserem Interesse. Selbst wenn uns unser geschätzter Besitz lebenslang erhalten bleibt, heißt das noch nicht, daß er uns immer gleich wertvoll ist. Moden kommen und gehen, und die Flohmärkte sind voll von Kleidern, die irgendein stolzer Besitzer einmal getragen hat und die noch erstaunlich neu aussehen. Die Mode ist eine große Lehrerin in bezug auf die Unbeständigkeit. Ich kann mich noch daran erinnern, daß ich zu Anfang meiner Pubertät wie alle meine Kameraden unbedingt ein Sportrad mit Zehngangschaltung haben wollte. Als ich es schließlich hatte, war niemand besonders beeindruckt, denn wenig später tauchte das erste Motorrad auf, und alle hielten mir vor,

ich hätte besser noch ein wenig gewartet und mir ein Motorrad zusammengespart. So war aus dem Stolz meiner Träume von einem auf den anderen Tag *irgendein* Fahrrad geworden. Der Versuch, durch ständiges Absuchen des Horizonts der Phänome nach Bezugspunkten ein Gefühl der Festigkeit, der Dauerhaftigkeit, des Abgetrenntseins und der Beständigkeit zu erzielen, ist letztlich immer zum Scheitern verurteilt. Die Phänomene unserer Wahrnehmung können uns diesen Dienst immer nur zeitweise leisten. Wenn wir in dieser Weise fortfahren wollen, verurteilen wir uns damit zu lebenslanger Gefangenschaft, denn nichts anderes ist das ständige Ersetzen von Bezugspunkten. Das Leben wird dann nicht nur zum Gefängnis, sondern sogar zu einer ausgeklügelten privaten Folterkammer: Wir müssen fortwährend alte Bezugspunkte überprüfen, neue suchen und uns ganz allgemein um den weiteren Verlauf des gesamten Prozesses sorgen. Eine entsetzliche Vorstellung! Härteste Zwangsarbeit in unserem eigenen, privaten Zwangsarbeitslager! Ich glaube einfach nicht, daß das Leben so hart sein muß.
Bei unseren Versuchen, Bezugspunkte zu schaffen, reagieren wir auf die Phänomene unserer Wahrnehmung in dreifacher Weise: Wir fühlen uns angezogen, abgestoßen oder indifferent. Wenn etwas unsere Fiktionen über Festigkeit, Abgetrenntheit, Dauerhaftigkeit und Beständigkeit zu bestätigen scheint, fühlen wir uns angezogen. Wenn etwas diese Fiktionen bedroht, weisen wir es zurück. Wenn etwas die Fiktionen weder bestätigt noch bedroht, sind wir indifferent – was wir nicht manipulieren können, interessiert uns nicht.
Was bleibt übrig, wenn diese drei Arten der Bezugnahme wegfallen? Was wäre Erleben ohne Anziehung, Ablehnung und Indifferenz? Die Antwort lautet, daß es hier nicht um eine »Art von Erleben« geht, sondern einfach um Erleben – um *Erleben an sich.* Wir sind völlig präsent, offen und frei im Erleben all dessen, was wir wahrnehmen. In diesem völlig weiträumigen Zustand gibt es weder Anhaftung noch Manipulation noch Insensibilität. Hier geht es um direktes Erleben, nicht um irgendeinen schicken Cocktail mit kandierten Früchten und

einem bemalten Papier-schirmchen! Wir wollen uns mit der Essenz beschäftigen – mit unmittelbarem, unverfälschtem Erleben.
Wir erleben nur selten direkt, weil wir fast immer darauf aus sind, Bezugspunkte zu installieren. Entweder machen wir uns Sorgen darüber, wie die Dinge sich entwickeln, oder wir schlagen jede Vorsicht in den Wind. Mit beiden Methoden versuchen wir, die Welt hinsichtlich ihrer Bezüge zu manipulieren.
Vorsicht ist kalkulierte Manipulation. Jede Vorsicht in den Wind zu schlagen ist verzweifelte Manipulation. Es mag schwerfallen, Leichtsinn als Form der Manipulation anzusehen, doch leichtsinnig sind wir immer nur dann, wenn wir anders unsere Bezugspunkte nicht mehr sichern können. Wir setzen die genauen Ingredienzien unserer Freuden und Sorgen fest und reagieren je nachdem, wie die Umstände unseren Vorgaben entsprechen.
Als kleines Kind spielte ich oft, ich sei in einem Glaskasten oder einer Art Kraftfeld nach Science-fiction-Art gefangen. Ich tat dann so, als würde ich die Mauern spüren, ich drückte dagegen, prallte zurück und versuchte, aus dem imaginären Glaskasten auszubrechen. Am Ende gelang mir das auch immer. Ein anderes Spiel war, den Garten zu »erklettern«, als wäre er ein Berg. Ich mußte imaginäre Felsvorsprünge für die Füße und Spalten für die Hände finden. Manchmal mußte ich mich ganz schön nach einem Sims strecken, der sich fast außerhalb meiner Reichweite befand – es war schwierig, aber schließlich gelang es mir jedesmal. Das war ein großartiges Spiel, zumal ich dabei immer gewann. Ich nehme an, daß Spiele Spaß machen, solange wir nicht vergessen, daß sie Spiele sind. Wenn wir dies vergessen und sie plötzlich real werden, kommen wir in Schwierigkeiten, und das Leben wird sehr ernst. Unser Problem scheint zu sein, daß wir unsere Spiele nicht genießen. Sie verlaufen leider meist nicht so, wie wir es gerne hätten. Ständig wollen andere Menschen die Spielregeln zu unserem Nachteil abändern. Immer wieder müssen wir uns beschweren: »He! Das ist nicht fair! Ich dachte, das sei nicht erlaubt!« Und hauptsächlich weil wir vergessen haben, daß wir ein

Spiel spielen, glauben wir plötzlich, daß dies »die Wirklichkeit« ist. Man könnte meinen, wir würden viel lieber Berge ersteigen, als einen Spaziergang im Garten machen. Es ist wirklich tragisch! Wir verbringen soviel Zeit damit, unser Basislager in den Bohnen aufzuschlagen, daß wir gar nicht dazu kommen, sie zu ernten, bevor sie zu faserig zum Essen geworden sind. Nie essen wir einen Apfel frisch vom Baum. Wir sind einfach zu besorgt, denn es könnte sich ja ein Schneesturm nähern. Wir kommen auch nie dazu, im Gras zu liegen und dem Goldfisch im Teich zuzuschauen, denn vor Anbruch der Dunkelheit müssen wir unbedingt die Schutzhütte an der Westwand erreichen. Wir sind so sehr damit beschäftigt, unsere Steigeisen korrekt anzubringen, daß wir nie Schuhe und Strümpfe ausziehen, um das Gras zwischen den Zehen zu spüren. Wie wollen wir je einen Berg ersteigen, wenn unser eigener Garten schon eine solche Feuerprobe für uns ist?
Wir halten an unserem Schmerz ebenso verzweifelt fest wie an unserem Vergnügen. Wir suchen Schutz in der Sicherheit oder in der Intensität. Wir machen unseren Schmerz zu einem Bezugspunkt und versuchen, mit seiner Hilfe zu beweisen, daß wir existieren. Wenn wir uns im Zustand emotionalen Schmerzes befinden, können wir immerhin positiv für uns verbuchen, daß wir Menschen sind, die sich in einem traumatischen Zustand befinden.
Wir pflegen unseren Schmerz sorgsam, indem wir ihn dem vertrauten Prozeß des Darüber-Nachdenkens unterziehen. Je stärker unsere Gedanken um unseren emotionalen Schmerz kreisen, um so mehr verkrüppeln wir uns durch die künstliche Intensität dieses Vorgangs. Das auf diese Weise erzeugte konzeptuelle Gerüst gewährleistet, daß unser Schmerz nicht in sich zusammenbricht. Andererseits könnten wir dem Schmerz auch erlauben, sich in die himmelblaue Offenheit des direkten Erlebens aufzulösen; doch irgendwie fühlen wir uns sicherer, wenn uns der Schmerz als Bezugspunkt erhalten bleibt. Er scheint etwas zu beweisen und gibt uns ein Gefühl der Solidität. Der Schmerz erscheint uns als sehr real und bekannt, als etwas, über das wir wirklich Bescheid wissen. Unse-

re Unklarheit, unsere Begrenzungen, die Miasmen unserer eingeengten Energie sind uns einfach vertrauter.

Innerer Raum – Long (kLong)

2

Die Entdeckung des Raums

Um wirklich zu sein, um uns selbst in *tatsächlichem Erleben* zu entdecken, müssen wir das Nicht-Bezugnehmen üben. Im Tibetischen wird dies als »Shi-ne« bezeichnet, was »gelassen bleiben« bedeutet. Bei der Shi-ne-Meditation ist es nicht so wichtig, ob man im Lotussitz, im halben Lotussitz oder auch nur mit überkreuzten Beinen sitzt. Das Wichtigste ist, daß der Rücken sich in einer aufrechten und entspannten Haltung befindet. Wohlgemerkt, der Rücken soll nicht »gerade« sein; vielmehr sollen wir weder nach vorne fallen noch uns nach hinten lehnen.

Es gibt eine natürliche, angenehme Position, in der man die Wirbelsäule ohne große Mühe in der Balance halten kann. Diese Position müssen wir durch Experimentieren herausfinden. Man kann auch in einem guten, festen Sessel mit ziemlich aufrechter Rückenlehne sitzen, und wahrscheinlich ist das für viele sogar die beste Möglichkeit, besonders für Menschen, die nicht mehr so jung oder so gelenkig sind, wie sie es vielleicht gerne sein würden. Manche Leute scheinen den »Lotussitz« an sich schon als eine »mystische Errungenschaft« anzusehen. Er ist aber eigentlich nichts weiter als eine Methode, um körperlich ruhig, wach, in einer stabilen Position und konzentriert zu bleiben. Die Tibeter sind es von Jugend auf gewöhnt, ohne Stühle zu sitzen; in unserer Kultur hingegen ist diese Art zu sitzen sehr ungewöhnlich und daher auch ungewohnt.

Wenn Sie dennoch bei der Meditation unbedingt mit überkreuzten Beinen sitzen wollen, dann besorgen Sie sich ein Stück relativ harten Schaumstoff, der Ihre Gesäßbacken so hoch über den Boden erhebt, daß Ihre Knie sich in einer bequemen Position unterhalb der Hüfthöhe befinden. Wenn Sie so sitzen, vermeiden Sie erstens »Ameisenkribbeln«, und zweitens wird Ihre Wirbelsäule in eine natürliche Position gebracht. Auf einem Kissen können Ihre Knie leicht zu hoch über dem Boden sein – dann schlafen Ihnen die Beine ein. Das ist mir selbst einmal vor vielen Jahren in »Sam ye-ling« in Schottland passiert, kurz nachdem ich angefangen hatte, Shi-ne zu üben.

Als eine Klangschale das Ende der morgendlichen Sitzmeditation anzeigte, wollte ich aufstehen. Ich hatte aber keinerlei Gefühl mehr in den Beinen. Was dann geschah, war mir äußerst peinlich: Ich fiel nach hinten und riß ein wertvolles altes Thangka-Gemälde von der Wand. Zum Glück wurde es nicht beschädigt, aber dieser Vorfall blieb mir stets eine Warnung, daß wir die Begrenztheiten unseres Körpers respektieren müssen. Wenn die Knie sich in einer zu hohen Position befinden, können auch noch andere Schwierigkeiten auftreten: Man sitzt unsicher und hängt dann entweder schlaff nach vorne oder versucht angestrengt, den Rücken geradezuhalten, was starke Schmerzen im mittleren Rückenbereich verursacht, die man sich ersparen sollte. Wenn Sie sich anstrengen müssen, um den Rücken aufrecht zu halten, *ist Ihre Haltung falsch!* Die Wirbelsäule ist von Natur aus nicht gerade, sondern verläuft ungefähr S-förmig. Deshalb sind Versuche, die Wirbelsäule zu strecken – aus welchem Grund auch immer – nicht Bestandteil der Shi-ne-Ubung. Jegliches Überdehnen und jede Steifheit sollten vermieden werden, denn eine gezwungene Haltung verursacht nur Anspannung und Unbehagen, was schon bald sehr ablenkend wirkt, und je weniger wir durch körperliche Spannungen und Schmerzen abgelenkt werden, um so besser.

Ich kenne viele Menschen, die aufgehört haben zu meditieren, weil es ihnen einfach nicht gelingen wollte, auf »spirituelle Weise« zu sitzen. Es war einfach zu schmerzhaft! Das halte ich für sehr bedauerlich, und es ist im Grunde eine Ironie, denn der Lotussitz sollte ja ursprünglich gerade das Meditieren erleichtern. Im Lotussitz befinden sich die Knie unterhalb der

Hüften, so daß die Wirbelsäule relativ unbelastet ist. Doch wenn der Versuch, im Lotussitz zu bleiben oder diesen überhaupt erst einmal einzunehmen, mehr Mühe macht, als es Erleichterung bringt, sollte man ihn besser vergessen. Setzen Sie sich einfach so hin, wie es bequem für sie ist, aber achten Sie darauf, daß die Wirbelsäule möglichst natürlich aufrecht stehen soll und daß Ihre Haltung Ihnen hilft, wach zu bleiben. Dies ist einer der Gründe, warum es schwierig – wenn auch nicht völlig unmöglich – ist, Shi-ne im Liegen zu üben.
Wenn Sie eine bequeme Haltung gefunden haben, lassen Sie den Atem natürlich und leicht fließen. Es gibt hier keine »spezielle« Atemtechnik. Lassen Sie den Atem einfach so fließen, wie er will. Vielleicht möchten Sie zu Anfang ein paarmal tief ein- und ausatmen, damit Sie frisch und klar werden. Versuchen Sie nur, die Präsenz Ihres Gewahrseins *in* den nach innen und nach außen gerichteten Bewegungen Ihres Atems zu *finden.* Wenn Gedanken auftauchen, unterdrücken Sie diese nicht, sondern lassen Sie sie einfach da sein. Versuchen Sie auch nicht, davontreibende Gedanken zurückzuhalten oder nach ihnen zu greifen, sondern lassen Sie sie einfach vorüberziehen. Ihre Aufmerksamkeit ruht auf den Bewegungen Ihres Atems. Gedanken kommen und gehen. Lassen Sie sie dahinplätschern wie Wellen. Sie werden zu einem Hintergrund des »Kommens und Gehens«. Wenn Sie sich in einer »Gedankengeschichte« verfangen und die Präsenz Ihres Gewahrseins in der Bewegung Ihres Atems verlieren, kehren Sie einfach zurück, sobald Ihnen bewußt wird, daß Sie abgeirrt sind. Seien Sie nicht wütend oder gereizt über sich selbst – solche Reaktionen sind nichts weiter als willkommene Gelegenheiten, Bezugspunkte herzustellen. Bleiben Sie einfach in einer offenen, humorvollen und entspannten Haltung. Erwarten Sie nichts, sondern seien Sie einfach hier und jetzt. Die Übung des Shi-ne besteht in einer Verpflichtung sich selbst gegenüber, sich während bestimmter, vorher festgelegter Zeiträume nicht in die eigenen Gedanken zu verstricken. Wir prüfen den Inhalt unserer Gedanken nicht, sondern lassen sie einfach kommen und gehen, ohne willentlichen Zwang auf sie auszuüben

oder sie zu nähren und sie damit zu verlängern. Wir gestatten es unseren Gedanken, sich zu formen und sich wieder aufzulösen, ohne jedes Eingreifen des Intellekts. Wir sitzen in einer angenehmen Position, lassen los, lassen sein und schauen, was geschieht. Nach einigen Stunden, Tagen oder Monaten des Übens kann sich herausstellen, daß *nichts geschieht.* An diesem Punkt beginnt der Spaß, und danach wollen wir vielleicht nie mehr zurückschauen.

Diese Übung zur Beruhigung des neurotischen Denkprozesses fuhrt uns zu einer neuen Dimension des Seins, in der ein Gefühl von Raum entsteht. Durch Shi-ne können wir lernen, daß wir in einem genügend entspannten und gelockerten Zustand anfangen, den Raum zu entdecken. Wenn wir unsere Gedanken entstehen und vergehen lassen können ohne daß wir sie kommentieren oder uns in sie verstricken, entdecken wir, daß zwischen diesen Gedanken Raum ist.

Dieser Raum ist nicht leer, keine bloße Abwesenheit von Gedanken, sondern eine vibrierende Leere, reine Potentialität. Wir können entdecken, daß alles Denken und sogar alle Phänomene aus der Leere aufsteigen und sich auch wieder in die Leere auflösen.

In der tibetischen Sprache wird diese *Leere* »Tong-pa-nyi« genannt, und sie gilt als Quelle oder Urgrund des Seins. Das Erkennen des Raums beim Üben von Shi-ne ermöglicht es uns, die Natur des direkten Erlebens schätzenzulernen. Die künstliche Unterteilung in Wahrnehmung und Wahrgenommenes verflüchtigt sich im Raum. Direkter Kontakt und Unmittelbarkeit charakterisieren dann unser Sein, weil wir nicht mehr das Bedürfnis verspüren, unser Erleben innerhalb unseres Bezugssystems zu bewerten. Gewahrsein ist präsent und fließt mit allem, was im Bereich unserer Wahrnehmung auftaucht. Phänomene und das Gewahrsein von Phänomenen sind unmittelbares Geschehen.

Gewahrsein ist das ungeplante, nicht-anhaftende Erkennen des Erlebens der *Bewegung* – der Bewegung des Entstehens und der Auflösung der Gedanken im Kontinuum des Geistes – des Erscheinens und Verschwindens der Phänomene in der

Weite des Raums. Nur die Reinheit dieser Bewegung existiert. *Dies ist der Punkt, wo wir tatsächlich sind* – er ist grenzenlos und unendlich subtil. Er ist völlig gewöhnlich, humorvoll und ein wenig magisch.

Für die Arbeit an den Emotionen ist die Shi-ne-Übung eine notwendige Voraussetzung. Um an unseren Emotionen arbeiten zu können, brauchen wir genügend Klarheit, denn nur dann sehen wir, was geschieht: Wir müssen für uns selbst *transparent* werden. Dazu müssen wir den Raum in ausreichendem Maße erkennen. Nur so können wir uns selbst bei unserem Tun beobachten.

Dann sind wir uns selbst kein Geheimnis mehr. Vielleicht könnte man auch sagen, daß wir uns damit vereinfacht haben; wir haben unser Wahrnehmen und Reagieren vereinfacht. Wir erleben reines Vergnügen und reinen Schmerz. Das ist nichts Kompliziertes und Ausgeklügeltes, denn wir schmücken unsere Empfindungen nicht aus. Wir untermauern unser Selbstbild nicht mit Rechtfertigungen. Wir fühlen uns nicht in jeder neuen Situation gezwungen, das schwere Gepäck vergangener Erfahrungen zu durchwühlen. Wir entdecken die Spontaneität und fühlen uns durch Vorwegnahme weder bedroht noch angelockt.

Unsere Emotionen erscheinen uns hauptsächlich deshalb manchmal als so schwer verständlich, weil wir nicht klar zu sehen vermögen, was mit uns geschieht; das heißt, wir befinden uns nicht *in* unserem Prozeß. Nur deshalb erscheint uns alles als ziemlich undurchsichtig – als würden wir versuchen, durch Milchglas zu schauen. Die Undurchsichtigkeit entsteht durch die *mattierende* Aktivität des Denkens, an dem wir so hängen. Mein Lehrer erklärte mir einmal mit einem äußerst witzigen und »deftigen« Vergleich, wie Gedanken einander im Kreise jagen: »Vor deiner Haustür liegt ein Haufen Hundekot, der in der Sonne hart geworden ist. Solange er unberührt so liegen bleibt, stört er nicht. Sobald du mit einem Stock darin herumstocherst, dringt der Gestank ins Haus, und dir wird übel. Laß ebenso deine Gedanken zur Ruhe kommen, dann werden Sie dich nicht mehr vom Gewahrsein ablenken.«

Wir sind nicht in der Lage, unsere Energien direkt zu beobachten, weil wir den Raum noch nicht als den Kern unseres Wesens entdeckt haben. Um einen Blick auf das werfen zu können, was vor sich geht, benötigen wir Raum, und wenn eine räumlichere Art des Seins entstanden ist, so ermöglicht dies unserer natürlichen Klarheit größere Genauigkeit. Für unser Alltagsleben bedeutet das: Wir hören auf, unsere Ressourcen zu verschwenden. Wir verkaufen uns nicht mehr für eine Handvoll Plastikknöpfe und gefärbte Glasstücke. Wir lernen, Überreaktionen zu unterlassen, und wir fügen unseren Problemen keine neuen mehr hinzu.
Es gibt im Grunde zwei Arten von Problemen: diejenigen, die auf den Zufällen des Universums beruhen – das sind die, die das Leben gratis zu verteilen scheint –, und diejenigen, für die wir selbst verantwortlich sind. Die Probleme, für die wir offensichtlich selbst verantwortlich sind, entstanden durch unsere Manipulationsversuche. Je intensiver wir versuchen, Bezugspunkte herzustellen, um so mehr Probleme schaffen wir, indem wir uns weigern, unsere Welt so zu akzeptieren, wie sie ist. Wir reagieren zu extrem auf das, was uns widerfährt. In diesem Zusammenhang erscheint es mir wichtig zu erwähnen, daß man nicht völlig unpolitisch sein muß, um akzeptieren zu können, was geschieht. Dieses verbreitete Mißverständnis muß unbedingt richtiggestellt werden. Wir sind Teil unserer Welt und können nicht in völliger Isolation leben. Wir sind verantwortlich füreinander und sollten dieser Verpflichtung gerecht werden, indem wir uns nötigenfalls aktiv an der Gestaltung der Zukunft beteiligen, an der Entwicklung des Friedens, der Freude und der Freiheit aller Menschen. Die Suche nach Befreiung ist keineswegs eine abwegige, »rechtslastige« Verschwörung, die letztlich nur zum Ziel hat, die Leute ruhig zu halten, sondern es geht darum, daß wir uns öffnen und unsere Begrenzungen verlieren. Es geht darum, bewußt zu handeln, frei und aus persönlicher Verantwortlichkeit.
Wir brauchen also durchaus nicht alles zu »schlucken«, was uns widerfährt, und jeden Aspekt der Welt so hinzunehmen, wie er zur Zeit ist. Keineswegs sollen wir zu einem Rädchen

im Getriebe einer Maschinerie werden, die den Status quo aufrechterhält. Ein Teil der Welt, den wir akzeptieren müssen, ist unsere eigene Energie mit ihren spezifischen Eigenschaften – wir brauchen uns nicht selbst zu vergewaltigen, weil das angeblich »spirituell« sei. Es liegt an uns, möglichst förderliche Umstände zu schaffen, ohne andere Menschen in ihrem Sein einzuschränken: Wir müssen unseren Platz in der Welt finden. Das bedeutet, daß wir unserer selbst und der Natur unserer Energien gewahr sein und auch erkennen müssen, wie eng verbunden diese mit den Energien anderer Menschen sind. Wir tun niemandem einen Gefallen, wenn wir ihm erlauben, uns zu mißbrauchen. Doch ebensowenig sollten wir die Not anderer Menschen übersehen, die auf dem gleichen Planeten wohnen wie wir selbst. Förderliche Umstände zu schaffen bedeutet, zu planen und Anstrengungen zu unternehmen, was im Hinblick auf unseren Gleichmut ein gefährliches Spiel ist. Doch das Leben *ist* gefährlich. Sofern wir uns nicht für ein mönchisches Leben entscheiden, müssen wir der Fülle des Lebens mit seiner ganzen Komplexität, seiner Farbigkeit, seiner Freude und seiner Trauer, seinen Entscheidungen, Dilemmas, Rückschlägen, Mißgeschicken und Belohnungen Rechnung tragen. Das Leben bietet uns phantastische Möglichkeiten zu lernen, doch müssen wir den Erfahrungsraum finden, in dem wir Pläne *leicht* und mit einem Schuß Humor verwirklichen können. Akzeptieren bedeutet in diesem Zusammenhang, Erfolg als auch Mißerfolg bei allem, was wir tun, mit einem schiefen Lächeln anzunehmen – wir müssen »diese beiden Betrüger genau gleich behandeln«. Wenn wir den Erfahrungsraum entdeckt haben, können wir die emotionale Verstrickung loslassen, die wir bei allen unseren Plänen und Bemühungen ins Spiel bringen, und alles wird wesentlich einfacher. Die *Leichtigkeit* dieser Einstellung ist eine Manifestation unserer sich entwickelnden Klarheit.

Wenn sich die Klarheit aus dem wachsenden Gewahrsein der natürlichen Räumlichkeit unseres Seins entwickelt, wachsen uns die Probleme nicht mehr über den Kopf, und wir tragen auch nicht mehr dazu bei, sie zu vergrößern. Letztlich sind wir selbst für unser Leben verantwortlich. Wir selbst müssen unsere Probleme bewältigen, deshalb hilft es uns nicht im geringsten, wenn wir jemand anderen für unser Leben verantwortlich machen. Die Verantwortung für unser Leben zu übernehmen, ist eine Haltung, die es wert ist, kultiviert zu werden. Natürlich gibt es viel Mißliches in unserem Leben, das ganz eindeutig *von außen verursacht* ist. Das bedeutet, jemand oder etwas hat eine Folge von Ereignissen geschaffen oder verursacht, die sich zu unserem scheinbaren Nachteil entwickelt hat – jemand hat uns etwas angetan. Der Hausbesitzer setzt uns vor die Tür, und nun finden wir keine Wohnung. Der Staat hat uns ohne jeden ersichtlichen Grund die Arbeitslosenunterstützung gekürzt. Ein Baum hat in einer Sturmnacht unser Auto demoliert, und die Versicherung sagt, es täte ihr zwar schrecklich leid, aber sie könne nicht zahlen, da es sich um Einflüsse »höherer Gewalt« handele. Vielleicht versuchen wir dann, der Versicherung klarzumachen, daß wir nicht an Gott glauben, doch der zuständige Sachbearbeiter lächelt nur bedauernd und sagt, seine Gottgläubigkeit fuße auf der Versicherungspolice, und außerdem hätte der Allmächtige es offensichtlich auf unser Auto abgesehen gehabt.

Wir können nicht die Verantwortung dafür übernehmen, daß wir von einem Unbekannten angegriffen werden, der uns vergewaltigen oder berauben will. Wir können nicht die Verantwortung dafür übernehmen, daß wir aufgrund irgendwelcher Regierungsmaßnahmen arbeitslos geworden sind oder daß wir verkrüppelt worden sind, weil ein Betrunkener uns angefahren und dann auf der Straße liegengelassen hat. Wir können auch nicht die Verantwortung für die natürliche Lebenserwartung der Menschen übernehmen, die um uns herum leben – für unsere Freunde, Eltern, Geliebten, Verwandten und Kinder. Wir können für vieles die Verantwortung nicht übernehmen, doch für die Gefühle, die wir dem gegenüber entwickeln, was uns zustößt, *sind* wir verantwortlich. Um an unseren Emotionen zu arbeiten, müssen wir die Verantwortung für unsere Reaktionen übernehmen. Wenn unser(e) Geliebte(r) uns verläßt, um mit jemand anderem zusammenzuleben, sind wir verantwortlich für unsere Reaktion. Wir können nicht sagen: »Du hast mir das Herz gebrochen! Du bist schuld, daß ich mich elend fühle.« Wir sind traurig, weil wir traurig sind. Wir sind traurig, weil wir keine Veränderung in unserem Leben wollen. Wenn wir uns darin verbeißen, daß wir leiden, weil jemand uns etwas angetan hat, fangen wir vielleicht an, mit den Füßen aufzustampfen und zu brüllen, oder bekommen einen fürchterlichen Wutanfall. So verschlimmern wir unsere Situation noch. Flucht vor der Verantwortung führt zu Eifersucht, Verbitterung, Groll, Gegenbeschuldigungen und Rachsucht. Manche Leute sagen, es sei unser gutes Recht, solche verzerrten Emotionen zu haben, doch möchte ich bezweifeln, ob irgend jemand ernsthaft die Ansicht vertritt, daß uns solche Emotionen weiterbringen oder daß sie uns helfen, zu einer Art von Gleichgewicht zurückzufinden. Hilfreicher wäre, wenn wir uns darüber klar würden, daß niemand uns etwas angetan hat – die anderen haben nur getan, was sie tun wollen, weil sie glücklich sein wollen. Daß das, was sie glücklich macht, uns unglücklich macht, ist seit jeher eines der Grundprobleme der Menschheit.

Wenn wir akzeptieren, daß allein wir für unsere Emotionen verantwortlich sind, so kann das unser Leben ganz entscheidend verändern – solange wir nicht die Verantwortung für alles, was wir fühlen, übernehmen, können wir nicht an unseren Emotionen arbeiten.

Sobald wir akzeptieren, daß wir unsere Gefühle nicht rechtfertigen können, sind wir in der Lage, uns offen mit ihnen auseinanderzusetzen. Wir erleben dann unsere Gefühle so, wie sie sind, nicht so, wie wir sie zuvor eingeübt haben, und wir können die Möglichkeiten unserer natürlichen, nicht-bedingten Reaktion erkennen.

Wenn wir ein Ereignis in unserem Leben als schmerzlich empfinden oder wenn wir eine ganze Kette von Unglücksfällen erlebt haben, sollten wir das »Unfairness-Spiel« vermeiden. Wenn uns nicht gefallt, was uns widerfährt, ist es am besten, die Verwirrung zu umgehen, die wir gewöhnlich selbst verursachen, indem wir sagen: »Das ist unfair! Das habe ich wirklich nicht verdient!« Statt dessen können wir auch einfach sagen: »Es ist nun einmal passiert.« Im Himmel gibt es keine große Verbraucherschutzorganisation, an die wir uns wenden können, keinen »Gerichtshof für Klagen wegen Unzufriedenheit mit dem eigenen Leben«. Wir können nicht sagen, »Das Leben ist nicht so, wie ich es erwartet habe, ich möchte mein Geld zurück.« Es ist, wie es ist. Genau das haben wir hier und jetzt bekommen.

Wenn unser Auto einen Schaden hat und wir verspätet zu einer wichtigen Verabredung kommen, liegt unsere Reaktion auf diese Situation völlig in unserer eigenen Verantwortung. Unsere Wut darüber, daß dies gerade heute passiert, ist schon eine Verkomplizierung und Intensivierung unserer ursprünglichen Gefühle. Wahrscheinlich würden wir uns noch mehr ereifern, wenn uns plötzlich einfiele, daß wir selbst es ja zugelassen haben, daß das Auto in einem so schlechten Zustand ist. Wir könnten uns in tausend Selbstanschuldigungen ergehen, weil wir es dazu haben kommen lassen, wo wir doch wußten, daß eine Reparatur dringend fällig war.

Dann könnten wir das ungeordnete Inhaltsverzeichnis unseres Gedächtnisses danach durchsuchen, ob irgend jemand für dieses Mißgeschick verantwortlich zu machen ist. Wir sind äußerst geschickt darin, unsere Situation noch weiter zu verschlimmern. Diese von uns selbst neu ersonnenen emotionalen Verwicklungen sind die Software des Zerstreut-Seins.

Was sollen wir tun? Wir sitzen in unserem verdammten Auto und schmoren vor uns hin. Die Zeit vergeht. Wir versuchen, telefonisch Hilfe heranzuholen, doch das Telefon funktioniert nicht. In diesem Moment bekommen wir entweder einen Tobsuchtsanfall, oder wir steigern uns noch mehr in die Situation hinein, und unser Blutdruck steigt bedenklich. Schließlich finden wir doch ein funktionierendes Telefon. Unser Automobilclub verspricht, sofort jemanden loszuschicken. Bei der Ortsbeschreibung können wir uns unglücklicherweise nicht erinnern, wie der Name des unbekannten kleinen Dorfes buchstabiert wird, durch das wir gekommen sind – er scheint dem Namen eines völlig anderen Ortes stark zu äh-

neln, der entweder ganz in der Nähe oder aber im nächsten Regierungsbezirk liegt. Unser Gesprächspartner am anderen Ende der Leitung scheint sich aber doch ein Bild machen zu können, und wir gehen zu unserem Auto zurück. Ein paar Schritte weiter auf der Straße schauen wir auf die Uhr und rennen sofort zur Telefonzelle zurück. Doch die ist mittlerweile besetzt. Wie aus dem Nichts ist plötzlich jemand aufgetaucht und plaudert genüßlich. Verzagt registrieren wir den kleinen Turm von Münzen, der neben dem Einwurfschlitz darauf lauert, uns noch mehr wertvolle Zeit zu stehlen. Endlich sind wir wieder an der Reihe und wollen uns für die Verspätung entschuldigen, doch am anderen Ende nimmt niemand den Hörer ab. Unsere Freunde müssen schon auf dem Weg zum Restaurant sein.
Wir geraten in Panik! Unsere Erregung steigt. Wir versuchen im Restaurant anzurufen, aber dort ist das Telefon besetzt. Wir versuchen es immer wieder, doch die Leitung wird und wird nicht frei. Die Telefonzelle ist wie eine Sauna, und wir sind schweißgebadet. Wir stellen einen Fuß in die Tür, um etwas Luft hineinzulassen, doch entsetzlicher Verkehrslärm donnert uns um die Ohren. Was wir auch tun, überall tauchen neue teuflische Foltern auf. Irgendwann erreichen wir die Vermittlung und lassen die Verbindung überprüfen, doch heißt es, die sei in Ordnung, der Anschluß sei wohl nur besetzt. Also versuchen wir erneut unser Glück, hören aber wieder nur das Besetztzeichen, das uns mittlerweile schier zum Wahnsinn treibt. Wahrscheinlich labert da irgendein Schwachsinniger stundenlang irgendwelches dummes Zeug mit seiner Freundin! Wir können nun aber nicht mehr warten, denn der Servicewagen kann jede Minute eintreffen. Also rennen wir zum Auto zurück. Dort angekommen schaffen wir es nicht, uns ruhig hinzusetzen und uns zu entspannen. Wir sind so angespannt, daß wir nicht einmal in dem Buch weiterlesen können, das uns noch am Morgen so fasziniert hat. Wir sitzen einfach da, trommeln mit den Fingern auf dem Armaturenbrett herum und brüten darüber, daß der Abend ruiniert ist. Der Service läßt ja auch ganz schön auf sich warten! Wir regen uns noch mehr

auf. Wäre es vielleicht besser, zur Telefonzelle zurückzugehen und erneut anzurufen? Vielleicht könnten wir es ja auch noch einmal im Restaurant versuchen...
Wir steigen aus dem Auto, doch ein unbestimmtes, schreckliches Gefühl hält uns zurück – wenn wir außer Sichtweite sind, taucht wahrscheinlich der Reparaturdienst auf. Irgendwann merken wir, daß wir gerade unsere letzte Zigarette aufgeraucht haben, und jetzt brauchen wir unbedingt eine. Vielleicht sollten wir ein Taxi rufen und das Auto einfach stehenlassen... Wir trommeln mit den Fingern auf das Armaturenbrett. Immer neue Ideen jagen einander in unserem gequälten Bewußtsein. Mittlerweile sind wir auf Hundertachtzig. Wir hätten schon mehrmals an der Telefonzelle und wieder zurück sein können! Endlich taucht der Reparaturdienst auf, und der Mechaniker ist sehr höflich und hilfsbereit. Unser Wagen ist innerhalb von zehn Minuten repariert, und wir können uns wieder auf den Weg machen.
Diese Geschichte könnte endlos fortgesetzt werden. Wir alle könnten sie noch um lange Passagen aus unserer eigenen Erfahrung ergänzen. Vielleicht würden wir von unseren vergeblichen Bemühungen berichten, unsere Dinner-Gäste zu beeindrucken, oder über unsere fehlgeschlagenen Annäherungsversuche, wo wir doch schon zigmal *fast* am Ziel waren. Vielleicht kommen wir wirklich noch ins Restaurant und es gelingt uns sogar, uns abzuregen und es uns gutgehen zu lassen. Oder wir sind so gestreßt, daß wir die ganze Situation vollends »verpatzen« und mit akuten Verdauungsstörungen nach Hause fahren.
Diese Geschichte könnte so lang sein wie ein Menschenleben, eine schier endlose Folge von Irritationen, Ängsten, Frustrationen, Nervosität, Furcht und Wut.
Wir müssen lernen, uns in jeder Situation zu entspannen. Wir müssen Humor entwickeln. Echter Humor entsteht nur, wo auch Raum entsteht und wir die Lächerlichkeit unserer Probleme erkennen. Wenn unser Erleben stärker vom Raum geprägt wird, entwickeln wir die Fähigkeit, unsere fieberhaften Versuche zu *sehen*: wie wir versuchen, die Welt zu unserem ver-

meintlichen Vorteil zu manipulieren. Wir fangen dann an, die Strukturen dieser fieberhaften manipulativen Strategien als künstlich zu *sehen* – als etwas, das wir nicht absichtlich konstruiert haben. Die Muster des Zerstreut-Seins zu *sehen* und sie als das zu erkennen, was sie sind, ist der Anfang der Klarheit. Und je mehr Klarheit wir entwickeln, um so transparenter werden wir auch für uns selbst, was wiederum unserer Fähigkeit zugute kommt, direkt an unseren Emotionen zu arbeiten. Wir sind dabei, den Raum zu entdecken.

Meditation – Gom (sGom)

3

Ansicht, Meditation und Aktion

Um uns selbst so zu sehen, wie wir wirklich sind, müssen wir zu verstehen lernen, wie wir uns vom Sein entfernt haben. Wir müssen die Geographie des Zerstreut-Seins erforschen, weil jeder Aspekt des Zerstreut-Seins dynamisch mit dem stets in uns gegenwärtigen Erleuchtetsein verbunden ist – mit unserem Befreit-Sein.

Dieses Erforschen vollzieht sich in dreifacher Weise. In der tibetischen Tradition werden diese drei Kategorien als »Tawa« – Ansicht. »Gompa« – Meditation und »Chodpa« – Aktion bezeichnet. Wir können jetzt sofort mit der Arbeit beginnen.

Wir können unsere *Ansicht* entwickeln. *Ansicht* bezeichnet eine unspezifische Art, uns selbst und die Welt zu sehen. Dies hat nichts mit Philosophie zu tun. Es ist keine konstruierte, konzeptualisierte Weltsicht, – es ist das *Die-Welt-Sehen,* und es geschieht wesentlich mühelos und ungeplant. *Ansicht* ist die Erkenntnis, daß es künstlich ist, wenn unser Kontakt zur Welt darin besteht, Bezüge herzustellen. Wir versuchen nicht mehr, unsere Situation mittels vorgefertigter Kategorien logisch zu erforschen. *Ansicht* ist die Erkenntnis, daß logische Analyse begrenzt und intellektuelles Verstehen kein Ersatz für unmittelbares Erleben ist.

Die Entwicklung der *Ansicht* wird durch Meditation gefordert, im hier beschriebenen Zusammenhang durch Shi-ne: Entdekkung des Raums.

Letztlich ist Meditation kein herstellbarer Zustand, der künstlich aufrechterhalten werden muß, sondern unser natürlicher Zustand, und als solcher muß sie entdeckt werden. Es ist wirklich kurios, daß die Methode zur Entdeckung gleichzeitig die Entdeckung selbst ist. Das ist nur deshalb möglich, weil unsere naturgegebene Realisation immer wieder durchscheint. Echte Meditation ist reine Mühelosigkeit, und Shi-ne ist eine Methode, sich diesem Zustand anzunähern. Wir ermutigen uns selbst dazu, uns von der Illusion zu befreien, daß wir unerleuchtet sind.

Ansicht bestärkt uns darin, durch *Meditation* zur direkten Erfahrung zu gelangen, und *Meditation* gibt unserer *Ansicht* Zuversicht. *Ansicht* und *Meditation* sind die Basis der *Aktion*, der dynamischen Komponente unserer Beziehung zur Welt – wie wir reagieren, wenn *Ansicht* und *Meditation* im Augenblick des Jetzt präsent sind. *Aktion* ist der nie endende spontane Tanz, initiiert durch präzise Sensibilität für das, was geschieht. Wir fließen harmonisch mit dem, *was ist*, wo immer wir uns auch befinden mögen. *Aktion* ist deshalb keine Methode des Handelns oder des Seins in unserer Welt, vielmehr *ist* sie das Sein selbst – uneingeschränkt, ungeplant, nicht-bedingt und unbegrenzt. In der tibetischen Tradition sind diese Drei – *Ansicht, Meditation* und *Aktion* – die wichtigsten Aspekte des mystischen Pfades.

Bei der Erforschung der Emotionen, um die es in diesem Buch geht, beschäftigen wir uns hauptsächlich mit der *Ansicht*. Wenn wir unsere *Ansicht* entwickeln, erkennen wir die verschiedenen Muster, die durch Bezugnehmen entstehen – die verschiedenen Arten der Ablenkung, mit deren Hilfe wir uns vom Erleben entfernen und ins Zerstreut-Sein hinübertreiben. Diese Muster sind schwache, aber ziemlich schmerzhafte Imitationen unserer befreiten Energien. Der Schmerz, den wir erleben, entsteht durch unseren ständigen Kampf um die Aufrechterhaltung der Illusion von Festigkeit, Abgetrenntsein, Kontinuität und Dauerhaftigkeit.

Im Grunde ist unser Nicht-Befreitsein oder Nicht-Erleuchtetsein ein Witz. Es ist so real wie der Ausdruck »einen trinken«, wenn wir tatsächlich gar nicht mehr trinken. Wo oder was ist unser »einen trinken«, wenn wir dies gar nicht mehr tun? Wir finden es erst wieder, wenn wir wieder »einen trinken«. Wir können nicht einmal das soeben geschehende »einen trinken« mit einem früheren »einen trinken« vergleichen. Das eine ist ein Erlebnis, das andere eine Erinnerung. Sobald wir versuchen, irgendeine Art von Vergleich zwischen einem momentan stattfindenden und einem vergangenen Erlebnis zu ziehen, wird auch das gegenwärtige Erlebnis zur Erinnerung, es ist dann nicht mehr gegenwärtig. Unser gegenwärtiges Erlebnis ist dann das intellektuelle Vergleichen. Sobald wir versuchen, das Sein zu lokalisieren oder zu beschreiben, lenken wir uns vom Sein selbst ab. Sein ist Sein, nicht diese oder jene Art von Sein – Dies-Sein oder Jenes-Sein.

Sein ist nicht an Bezugspunkte gebunden und ist in seiner Existenz nicht von irgendeiner Art Querverweis der Wahrnehmung abhängig. Das Sein genau festzulegen ist so, als würde man versuchen, Zeit und Bewegung aufzuheben – es ist nicht möglich, wir können also ebensogut einfach *sein.*

Ironischerweise müssen wir uns, um »einfach zu *sein*«, einer Art Disziplin unterwerfen, weil wir in unserer seltsamen Situation offenbar nicht wissen, wie es ist, einfach zu sein. Wir laufen mit der merkwürdigen Vorstellung umher, daß Sein an eine besondere Methode gebunden ist. Sein ist nicht an Methoden gebunden. Nur können unsere getrübten Geisteskräfte einen solchen Gedanken nicht fassen, wir können sogar praktisch überhaupt nicht damit umgehen. Deshalb müssen wir unseren Weg mit Feinfühligkeit, Mut und Entschlossenheit *erfühlen.* Wir müssen uns an Methodenlosigkeit gewöhnen. Die mühelose Spontaneität des Seins wird durch die Praxis des Shi-ne entdeckt – unsere Einführung in den Raum.

Der Versuch zu leben, als ob wir erleuchtet wären, ohne den Raum wirklich erfahren zu haben, muß mißlingen. Der Versuch, uneingeschränkt, frei und spontan zu sein, obwohl man vom Erleben des Raums abgeschnitten ist, aus dem jener Zustand sich natürlich entwickelt, ist zum Scheitern verurteilt. Das ist etwa so, als wollte man einen Federwisch zum Drachenfliegen benutzen.

Wir versuchen, hier und jetzt zu *sein.* Dies ist für jedermann interessant und nützlich: *Ansicht, Meditation* und *Aktion.*

Fünf-Nga (1 Nga)

4

Der fünffarbige Regenbogen

Die fünffarbigen Lichter, die unser Sein illuminieren, sind die Quintessenz unserer Emotionen und gleichzeitig der Elemente, die unser materielles Dasein ausmachen und die Substanz der Welt bilden: Erde, Wasser, Feuer, Luft und Raum. Wir werden die Qualitäten der Elemente erforschen, um zu einem Verständnis unserer Individualität zu gelangen – der persönlichen Dynamik unseres Seins.

Die Psychologie der tibetischen Tantras beschreibt unsere Welt und unser Sein als auf drei deutlich unterscheidbare Weisen wahrnehmbar – die »Drei Sphären des Seins«. Obwohl wir von einer dreifachen Teilung der Realität sprechen werden, handelt es sich tatsächlich um eine unteilbare Erscheinung. Die Dreiteilung dient nur der Analyse, die wiederum den Eigenarten der menschlichen Wahrnehmung angepaßt ist. Die Analyse hilft uns, zu unserem Sein und zu unserer Funktionsweise in Beziehung zu treten.

Man könnte sagen, daß wir die gleiche Realität durch verschiedene Linsen sehen. Einmal haben wir unsere Standardlinse, die alles in normaler Größe wiedergibt: Wenn wir durch den Sucher einer Kamera schauen, sehen wir alle Gegenstände in gewohnter Größe. Außerdem haben wir ein Weitwinkelobjektiv, das wesentlich mehr erfaßt, als unsere Augen auf einmal sehen könnten, doch wird alles verkleinert. Wir können die Welt aber auch durch ein Teleobjektiv betrachten. Dabei verlieren wir zwar das Panorama, den großen Überblick über die Welt, aber wir können uns jetzt die Einzelheiten ganz genau anschauen. In beiden extremen Fällen dieser Skala von Möglichkeiten sehen wir sowohl eine Menge mehr als auch eine Menge weniger – die Realität ist stets die gleiche, doch unsere Sicht dieser Realität ist verschieden. Ein anderer Vergleich: Wir können einen Film sowohl in Zeitlupe als auch im Zeitraffertempo sehen. Wenn wir uns die Vorführung eines Tanzensembles im Zeitraffer anschauen, sehen wir Bewegungsmuster, die nur durch Verdichtung des normalen Zeitflusses sichtbar werden. Wir werden dann auf bestimmte Raumbeziehungen aufmerksam, rhythmische Muster des Tanzes werden sichtbar, und die gesamte Gruppe erscheint uns als organismische Einheit. Betrachten wir die gleiche Vorführung in Zeitlupe, so verschwinden selbst die Bewegungsmuster, die in Normalzeit sichtbar sind. Dafür treten die feinen Unterschiede der Gliederbewegungen bei den einzelnen Tänzern hervor. Wir können das Anspannen und Entspannen der Muskeln beobachten, die Drehungen und Schwingungen der Hüften und die Schönheit der allmählichen Entwicklung einer Bewegung.

Wir können aus unserer Zeitlupenaufnahme auch bestimmte Nahaufnahmen herausholen und den Zeitraffer mit Weitwinkellinse anschauen. Unsere Sicht der Realität würde dann von der gewohnten noch stärker abweichen. Und doch sind dies keine anderen Wirklichkeiten: Jede dieser Ansichten und jede Art des Realitätsverständnisses ist simultan und spontan präsent. Es gibt keinen Punkt, an dem wir sagen können: »Dies ist die *eigentliche* Wirklichkeit, alles andere sind Verzerrungen.« Wir können nur sagen, daß es die menschliche Art zu sehen ist, entsprechend der individuellen Version unserer Wahrnehmung. Menschliche Wahrnehmung enthält für unsere Kultur, unsere Klasse, unser Alter und unser Geschlecht typische Modifikationen. Demnach gibt es so viele verschiedene Realitäten, wie es Menschen gibt, die wahrnehmen.

Wenn wir diese drei Sphären des Seins untersuchen, müssen wir mit der Betrachtung der Grundlage beginnen – wir müssen die Sphäre oder den Raum des Ursprungs erkennen. Der Raum des Ursprungs ist die erste der drei Sphären des Seins: die *Sphäre der nicht-bedingten Potentialität.* Dies ist die primäre Sphäre, der ursprüngliche Raum, der leer ist und aus dem alle Dinge, alle Erscheinungen als *Spiel* der Energie entstehen.

Dieser Raum ist der Wesenskern von allem. Er ermöglicht es der Welt der Phänomene, sich zu manifestieren. Diese Leere ist die wesenseigene Qualität dessen, *was ist*, der Grund dessen, *was ist*, der *Soheit, der Istheit, der Dingheit – des Seins.*

Das *Nichts* als unmittelbare und mächtige Quelle endloser Manifestationen kann als gelebte Erfahrung außerhalb des in der Praxis des Shi-ne entdeckten Raums nur schwer erlebt werden. Wir müssen den Raum als Urgrund des Seins erfahren, bevor wir eine direkte Beziehung zu solchen Ideen herstellen können. Meditation ist demnach eine Methode, uns selbst den Raum zu geben, um Raum zu erfahren und zu verstehen. Dieser Vorgang hat etwas Kompromißloses.

Unser Intellekt kann dies nicht begreifen. Entweder erleben wir den Raum oder nicht. Halbheiten sind nicht möglich. Um die unendliche Weite zu verstehen, müssen wir unsere Erlebens-Agoraphobie loslassen. Wir können nicht kurz die Zehen eintauchen, um festzustellen, ob die Temperatur angenehm ist, denn vom Standpunkt des Zerstreut-Seins aus gesehen ist die Temperatur niemals richtig. Es gibt kein Zögern und kein Zaudern, nur sofortiges und totales Eintauchen. Dieses Wasser ist so erschreckend kristallklar und glitzernd, daß es unser volles Engagement erfordert – bei dieser Party gibt es keine Mauerblümchen. Entweder sind wir drinnen und machen mit, oder wir stehen draußen im Regen. Wir müssen der immanenten Würde dieses großen Ozeans entsprechen, wir müssen sie ganz erleben. Wenn wir uns entspannen und völlig loslassen, finden wir uns im Wasser wieder. Wir sind mühelos und mit natürlicher Anmut untergetaucht. Wir haben nicht mehr das Gefühl, aus schwindelnder Höhe ins Wasser getaucht zu sein. Wir erkennen, daß dies unser natürlicher Zustand ist – *dies ist, was ist.*

Weil diese Offenheit unser natürlicher Zustand ist, zwickt sie uns ständig. Wenn wir meditieren, wenn wir Shi-ne üben, stärken wir die Offenheit. Durch Shi-ne gewöhnen wir uns an die Offenheit. Wir entdecken, daß wir nicht durch den Prozeß des Zerstreut-Seins zu ihr in Beziehung treten können. Wenn wir diesen Prozeß nicht im Augenblick des Eintauchens in das glitzernde Wasser des Erleuchtetseins loslassen, tritt sofort die automatische Rückspulvorrichtung in Aktion, und wir finden uns mit nichts als einer vagen Erinnerung an Nässe am Wasserrand wieder. Aus der Sicht des Zerstreut-Seins ruft Raum Schrecken hervor. Aus der Sicht des Befreit-Seins löst Raum Entzücken aus.

Leere ist die unerschöpfliche Quelle der Phänomene. Dieser Raum erzeugt als seine primäre Erscheinungsform Energie, und zwar in der Form der fünf farbigen Lichter. Dies ist die *Sphäre der ungreifbaren Erscheinung* von Energie, Licht und Klang. Die Sphäre der Energie ist die Brücke zwischen dem Absoluten und dem Relativen, zwischen der Leere und der materiellen Welt. Es ist die Sphäre der magischen und kreativen Imagination, der tantrischen Welt, der nicht-gewöhnlichen Wirklichkeit des Schamanen.

In der *Sphäre der ungreifbaren Erscheinung* vollzieht der tibetische Tantriker die alchimistische Umwandlung von Zerstreut-Sein in Befreit-Sein. Die Sphäre der Energie ist die Essenz unserer Stofflichkeit und die Substanz unserer Welt. Die dritte Sphäre ist die Welt, die wir kennen und die wir mit unseren Sinnen einschließlich des Intellekts wahrnehmen – die *Sphäre der relativen Manifestation.*

Dies sind die drei Sphären des Seins. Die *Sphäre der nichtbedingten Potentialität* ist die Leere oder der kreative Raum. Die *Sphäre der ungreifbaren Erscheinung* ist die primäre Erscheinungsform der Energie, die sich als Klang und Licht manifestiert. Die *Sphäre der relativen Manifestation* ist der Aspekt der Realität, der unserer normalen sinnlichen Wahrnehmung zugänglich ist – die offenkundige Substanz unserer Welt.

Echter Symbolismus ist nicht willkürlich. Wir können nicht einfach sagen: »Dies ist ein Symbol für das.« Es muß eine echte Verbindung zwischen Symbol und Symbolisiertem bestehen. Symbole sind eine spontane Manifestation dessen, was sie symbolisieren. Ein Symbol wird im Augenblick des direkten Gewahrseins dessen entdeckt, was es symbolisiert – Symbole ergeben sich aus dem Symbolisierten. Wenn wir ein Symbol mit Hilfe des Intellekts erfinden, ist es kein echtes Symbol –

man müßte es dann als Chiffre bezeichnen. Doch ein Symbol ist etwas völlig anderes – der Mystiker arbeitet anders als der Graphiker. Der Mystiker entdeckt Symbole, der Graphiker erfindet sie.

Symbole sind *Fenster*, durch die wir die essentielle Natur des Seins *erschauen* können.

Die Symbole, die wir hier erforschen wollen, sind nicht exotisch – sie sind unserem Erleben nicht fremd. Wir werden uns nicht mit »tiefen Geheimnissen« beschäftigen, sondern uns selbst und unsere Umwelt anschauen. Es geht hier nicht um phantastische oder ausgetüftelte geometrische Muster, was vielleicht für einige Leser eine Enttäuschung ist. Ich hoffe, daß das, worüber ich hier schreibe, interessanter ist als eine Analyse bestimmter Mandalas, denn die würde so kompliziert, daß dieses Buch wie so viele andere wahrscheinlich auch nur von Spezialisten gelesen würde. Mandalas, jene unglaublich inhaltsreichen und detaillierten Symbole, existieren in den Systemen des tibetischen Tantrismus in erstaunlicher Vielfalt, doch in ihrer Essenz sind sie von größter Einfachheit. Wir werden uns hier mit dieser Essenz beschäftigen und mit dem, was aus derselben hervorgeht, denn das könnte uns in unserem alltäglichen Leben eine Hilfe sein. Es ist wichtig zu erkennen, daß Symbole *das Symbolisierte nicht begrenzen.* Ein persönlicher Bezug zu den Symbolen, die wir erforschen, ist äußerst wichtig. Wenn wir uns daran gewöhnt haben, auf diese Weise zu arbeiten, wird sich das Feld des Symbolismus auf eine immer persönlichere Weise entfalten.

Wir beschäftigen uns in diesem Buch mit einer fundamentalen und essentiellen Ebene des Symbolismus. Es geht hier um etwas, zu dem wir eine unmittelbare Beziehung herstellen können, da es integraler Bestandteil unserer Erfahrung ist. Wir untersuchen die Elemente, die unser physisches Sein ausmachen, und ihre Essenz: den fünffarbigen Regenbogen.

Zeichen – Da (brda)

5

Das Lesen unserer Energien

Die Symbole, die als kommunikable Erscheinung von jedem Strahl des fünffarbigen Regenbogens ausgehen, sind das A und O unseres Lebens.

Es wäre falsch, wenn der Eindruck entstünde, diese fünf Ausdrucksformen unseres Seins seien nichts als innere Filme, die man bei geschlossenen Augen sieht, oder daß wir uns ein merkwürdiges kleines Loch in die Stirn bohren müßten, um unser »Drittes Auge« in Betrieb zu nehmen. Derartiges ist Science-fiction oder besser gesagt »Mystical-fiction«. Wir brauchen nichts weiter als unsere eigenen Augen – sie sind die primären Organe unserer Klarheit und sie müssen *offen* sein, damit wir die Welt *sehen.*

Die meisten Leser kennen wohl das Wort »Mandala« (das tibetische Wort dafür ist »Kyil-khor«) und wissen vermutlich auch, wie ein Mandala aussieht. Zumindest besteht wohl eine vage Vorstellung von konzentrischen Kreisen und Quadraten. Einige von uns haben solche Mandalas in Büchern über tibetische Kunst gesehen, wo meist die kompliziertesten Exemplare dieser Art abgebildet sind. Hier jedoch werden wir uns mit den fundamentalsten Aspekten des Kyil-khor beschäftigen. An dieser Stelle müßte ich darauf hinweisen, daß Komplexität nicht immer ein Zeichen von Tiefgründigkeit ist – der Ursprung ist immer tiefgründiger als die Komplexität seiner Erscheinungsform.

Kyil-khor kann als »Kreis« übersetzt werden, und das Sanskrit-Wort Mandala bedeutet »Anordnung« oder »Verbindung«, was impliziert, daß sich alles um einen Mittelpunkt sammelt.

Der Mittelpunkt der tibetischen Mystik ist der Raum. Der Mittelpunkt einiger anderer Weltreligionen ist ein Gott oder eine

Schöpfergestalt. Der Mittelpunkt einer politischen Partei ist ihre politische Philosophie und deren Personifikation als Premierminister oder Präsident. Um diese Person »strahlen« die wichtigsten Minister, um sie die weniger wichtigen und so weiter. Außerdem gibt es verschiedene Stufen der Parteihierarchie sowie Komitees für bestimmte Zwecke; all diese Strukturen bilden das Energiefeld der Partei. Alle agieren entsprechend einer gemeinsamen Zielsetzung. Wenn wir jung sind, »strahlen« unsere Eltern und Geschwister um uns. Außerdem gibt es enge Freunde der Familie, die ständig vorbeischauen – Tanten und Onkel, Großmütter, Großväter und so weiter. Dann haben wir auch noch entferntere Verwandte – vielleicht schicken sie uns zum Geburtstag und zu Weihnachten eine Karte, aber wir treffen sie nicht oft. Manchen Lesern wird dieses Beispiel vielleicht nicht so vertraut sein, denn die Zeiten ändern sich und haben sich seit der Jahrhundertwende auch schon stark verändert. Das Verwandtschaftssystem wird in der Soziologie als erweiterte Familie bezeichnet. Wahrscheinlich ist uns die Kleinfamilienstruktur vertrauter, oder wir sind sogar nur bei einem Elternteil aufgewachsen. Doch auch in diesen Fällen hat es sicher Menschen gegeben, die um uns herum »strahlten«.

Mit zunehmendem Alter werden unsere Freunde wichtiger für uns, und manchmal leben wir weit entfernt von Eltern und Verwandten. Wenn wir uns mit ihnen zerstritten haben, werden unsere Freunde zu unserer Familie. Irgendwann gehen wir vermutlich eine Beziehung mit einem Partner ein und haben mit diesem möglicherweise selber Kinder. Um uns entwickelt sich ein kleiner Kreis von guten Freunden, ein größerer von entfernteren Bekannten, die wir seltener treffen, und dann gibt es noch diejenigen, die anderswohin ziehen und mit denen wir Briefverkehr pflegen. Außerdem umfaßt unser Umfeld Verwandte, Arbeitskollegen, Vermieter, Hausverwalter, Bankangestellte, Ladeninhaber und all die vielen anderen Leute, die unseren Weg auf Partys oder bei anderen Gelegenheiten kurz kreuzen. Es gibt Menschen, die wir nie kennenlernen und mit denen wir nie sprechen, die aber dennoch eine gewis-

se Rolle in unserem Leben spielen. Zu anderen haben wir keine Verbindung, obwohl sie in der gleichen Stadt oder im gleichen Dorf wie wir leben. Unsere Aktivitäten strahlen von unserem Haus, unserer Wohnung, unserem möblierten Zimmer oder von der Wohnung eines Freundes aus sowie auch von anderen Orten, die wir aus irgendeinem Grund besuchen.
Überall, wo wir sind, ist ein Bereich unseres Kyil-khor. Alles, was wir tun, ist Teil der Energie unseres Kyil-khor. Wir sind gleichzeitig Zentrum und Peripherie des Kyil-khor, wo wir auch sein mögen. Wir sind das Zentrum unseres eigenen Kyil-khor und gehören zur Peripherie der Kyil-khors anderer Menschen – die Energien durchdringen einander vollständig.
Selbst an einem einsamen Zufluchtsort könnten wir uns nicht völlig isolieren – immer gäbe es Menschen, die an uns denken und sich fragen, wie es uns wohl geht und ob wir uns wohl verändert haben werden, wenn wir zurückkommen: Sie verbinden uns mit ihren Kyil-khors. Selbst wenn wir versuchen würden, unsere persönliche Geschichte auszulöschen und ein anonymes Leben zu führen, wäre es unmöglich, völlig frei von wechselseitigen Beziehungen zu sein. Selbst nach unserem Tode erinnern sich unsere Freunde und Kinder in ihren Fotoalben (die Teile ihrer Kyil-khors sind) an uns.
Es ist eine wunderbare, tanzende Energie, und es ist unmöglich, irgend jemanden aus unserem Kyil-khor auszuschließen oder aus dem Kyil-khor eines anderen Menschen ausgeschlossen zu werden. Selbst wenn jemand uns nicht mag, bleiben wir Teil seines Energiefeldes. Selbst wenn er uns verabscheut oder haßt, ändert das nichts; wir spielen dann sogar eine noch stärkere Rolle in seinem Energiefeld.
Letztlich ist jedes lebende Wesen Teil unseres Kyil-khor, unseres Energiefeldes, und wir sind Teil der Energiefelder aller anderer Wesen. Es ist unumgänglich, daß wir dies erkennen oder auf diese Erkenntnis hinarbeiten. Wir können uns niemals wirklich selbst lieben, wenn wir versuchen, irgendwen oder irgend etwas auszuschließen – das ist weder dienlich noch korrekt –; wir versuchen, etwas Unmögliches zu tun. Wahre Liebe ist zentrumslose Erkenntnis des Kyil-khor, und die Praxis

des Shi-ne gibt uns ein Gefühl für diese Sicht. Die fünfteilige Symmetrie des Symbolismus durchdringt die künstlich strukturierte Wahrnehmung unserer Welt oder unseres Universums und ermöglicht es uns, die Gesamtheit des wahrgenommenen Erlebens als Kyil-khor zu sehen. Kyil-khors treten als *Zentren* der nicht-bedingten Potentialität in Erscheinung; sie manifestieren sich spontan als leuchtende Ränder unserer Wahrnehmung. Kyil-khor ist demnach unser Erleben, Empfinden oder Bewußtsein dessen, daß wir uns in unserer Welt befinden, daß wir uns in Beziehung zu allseitig ausstrahlenden Gruppen von Bedingungen, Orten, Atmosphären, Zeiten und Grundelementen befinden.

Jeder der fünf Ausdrücke des Seins steht mit einer Farbe, einem Element und einem bestimmten Symbol in Verbindung. Außerdem werden sie mit allen Aspekten der Welt der Phänomene assoziiert, etwa mit Landschaftstypen, Klimata und Witterungen.

Kein Aspekt unserer Welt wird ausgeschlossen. So lernen wir zu verstehen, daß es sich hier nicht um irgendeine zufällige Gruppe von metaphysischen Abstraktionen handelt, zu der wir uns nicht in Beziehung setzen können. Die fünf Energiefelder *sind* die Bedingungen, Umstände, Situationen, Persönlichkeiten, Vorlieben und miteinander interagierenden Kräfte, die unsere Beziehungen zueinander begründen.

Die fünf Energiefelder, die in Beziehung zu den Elementen (Erde, Wasser, Feuer, Luft und Raum) stehen, sind in symbolischer weiblicher Form als die fünf Khandros oder Schwestern der Weisheit bekannt. Im nächsten Kapitel werden wir sie ein wenig besser kennenlernen, und im weiteren Verlauf des Buches noch genauer.

Dies ist das magische Prisma der unendlichen Wechselbeziehungen – Kyil-khor. Das grundlegendste Kyil-khor für uns ist, wer oder was wir in unserer Welt tatsächlich sind.

Dies ist Kyil-khor, die irisierende Matrix des Seins.

Das System des Farb- und Elementensymbolismus, das im folgenden beschrieben wird, ist wesentlich für die Sicht des tibetischen Tantra. Es gibt auf der Welt viele Bezugssysteme mit

Farben, Elementen und Himmelsrichtungen, und gewisse Ähnlichkeiten zwischen einigen springen sofort ins Auge. Dennoch haben sie nicht soviel miteinander gemein, wie es scheinen mag. Dies braucht jedoch nicht zum Konflikt zu führen, wenn wir einen solchen nicht provozieren, denn jedes System hat seinen Wert in seinem eigenen Kontext – vorausgesetzt, es handelt sich um ein authentisches System, das durch unmittelbares visionäres Erleben erkannt worden ist.

Da es offensichtlich einander widersprechende Systeme gibt, wird sicher irgend jemand einwenden: »Welches System ist denn nun wahr?« Diese Frage deutet auf mangelndes Verständnis der Natur des Symbolismus hin.

Ein Symbol ist ein *Interface* (ein Verbindungsstück) zwischen dem Absoluten und dem Relativen – zwischen der Erfahrung des Raums und dem kulturellen/persönlichen Kontext des Wahrnehmenden.

Hierzu ein Beispiel. Nehmen wir an, jemand ißt einen Pfirsich, und der schmeckt ihm gut. Nun fragt jemand den Pfirsichesser, wie das Pfirsichessen für ihn war. Die Antwort könnte lauten: »Mmm, eßbare Ekstase!« Diese Antwort ist das Symbol für das Erlebnis dieses Pfirsichessers, aber es könnte natürlich viele verschiedene Symbole für dieses Erlebnis geben – einige könnten völlig anders klingen. Dennoch würden die Erlebnisse des Pfirsichessens einander nicht widersprechen. (Hier geht es natürlich ausschließlich um das Erleben von Menschen, die Pfirsiche mögen!)

Die tibetischen Tantrikas sagen, daß Weiß die Farbe des Wassers ist und mit dem Osten in Verbindung steht – mit Wut und Klarheit. Bei den Indianern der Steppen Nordamerikas hingegen wird Weiß mit dem Norden und dem Büffel assoziiert, der für sie Weisheit symbolisiert. Der Osten wird in diesem System mit der Farbe Gelb und dem Adler assoziiert, dem Symbol für Erleuchtung und Weitsicht. Die Farbe Blau wird von diesem indianischen System ausgespart, wohingegen Schwarz, das wiederum im tibetischen System der Farben und Elemente nicht vorkommt, den Westen und den Bären (Introspektion) symbolisiert. Grün steht mit dem Süden in

Beziehung und mit der Maus, die Vertrauen und Unschuld verkörpert. Das Kyil-khor der Indianer Nordamerikas ist als »Medizinrad« bekannt. Im Gegensatz zum Symbolismus des tibetischen Tantra enthält es keine zentrale, alles durchdringende Qualität des Ursprungs mit einer Farbentsprechung.

Kann man nun etwas lernen, wenn man die Unterschiede dieser beiden Systeme studiert? Ich fürchte nein. Leider können wir auf diese Weise ziemlich wenig lernen und nichts, das abgesehen vom Vergnügen des Sammelns von Informationen von irgendwelchem Wert wäre. Die beiden Systeme schließen einander zwar nicht aus, aber wenn wir versuchen, sie miteinander zu vermischen oder eine Synthese daraus herzustellen, verzerren wir sie nur. Beide haben ihren Sinn innerhalb ihres Kontextes. Es ist nicht einmal nötig, sich für eines der beiden zu entscheiden; wir können mit beiden arbeiten oder sogar mit noch mehr, wenn wir mit zweien immer noch nicht genug haben, aber nicht gleichzeitig, denn dann entsteht ein entsetzlicher, ungenießbarer Eintopf.

Es ist unmöglich zu sagen, welches System das »wahre« ist. Alle sind gleich wahr, insofern sie Menschen helfen zu wachsen. Aber alle sind auch gleich unwahr, weil sie nicht selbst die Erfahrung *sind*, sondern diese nur repräsentieren. Symbole sind nicht absolut, vielmehr sind sie an Zeit und Ort gebunden und beziehen sich daher in einem gewissen Maße auf gemeinsame kulturelle Erfahrungen.

Einige Leser werden jetzt vielleicht den Eindruck gewinnen, Symbolismus sei ohnehin Zeitverschwendung, doch das ist falsch. Symbolismus ist wertvoll, wenn er uns etwas vermittelt. Unser Leben ist selbst ein Symbol für unser Erleuchtetsein, und Symbolismus kann unsere Fähigkeit, uns selbst zu verstehen, erheblich verbessern. Wir können uns durchaus auf die Symbolsysteme fremder Kulturen beziehen, wenn wir ein gestörtes Verhältnis zu den Symbolen unserer Heimatkultur haben, aber die Symbolismen verschiedener Länder sind nicht miteinander vergleichbar – zumindest kommt dabei nichts Wesentliches heraus. Jedes System ist einzigartig und hat seinen eigenen Wert, genauso wie jede Sprache ihre typischen

Stärken hat. Die englische Sprache ist ungeheuer flexibel, die deutsche sehr logisch, und Tibetisch ist besonders reich an differenzierten Begriffen zur Thematik des Geistes und der Magie. Keine Sprache ist »die beste«, aber verschiedene Sprachen passen mit ihren Eigenheiten zu Völkern verschiedener Klimazonen und verschiedener geschichtlicher und geographischer Räume.

Das Akupunktursystem der Chinesen und das der Tibeter sowie auch die Kalender beider Völker verwenden Elementensysteme, bei denen Holz und Eisen als Elemente aufgeführt werden; dafür fallen die Elemente Luft und Raum weg. Doch niemand in Tibet zweifelt daran, daß diese Systeme miteinander zu vereinbaren sind, selbst wenn die gleichen Elemente in den verschiedenen Systemen unterschiedliche Bedeutungen haben.

Tibetische Lamas verblüffen ihre westlichen Zuhörer oft, wenn sie sich für die westliche wissenschaftliche Sicht des Kosmos begeistern. Doch da sie ohnehin schon drei verschiedene Kosmologien kennen (die altindische Meru-Kosmologie, die Bonpo-Kosmologie und die Kosmologie des Kalachakra-Tantra), stellt eine vierte Alternative für sie keine große Bedrohung dar. So gesehen könnten Darwin und die Genesis problemlos koexistieren, statt einander auszuschließen.

In Tibet erblühte im 19. Jahrhundert die Ri-me-Bewegung; sie galt als Renaissance der Mystik. »Ri-me« (»Rie-mai« gesprochen) wird oft als »eklektisch« übersetzt, doch genauer wäre »ohne Vorliebe«. Die Ri-me-Bewegung bestand aus einer Anzahl bemerkenswerter Lamas, die sämtliche tibetischen Traditionen gemeistert hatten. Sie waren Meister aller Schulen und Traditionen – ohne Vorliebe. Einer von ihnen war der Große Jamyang Khyentse; er war berühmt in ganz Tibet. Initiationen gab er stets genau im Stil der Schule ihres jeweiligen Ursprungs. Eine Nyingma-Initiation gab er als Nyingmapa, eine Sakya-Initiation als Sakyapa. Ich erzähle dies, um darauf hinzuweisen, daß die Ri-me-Bewegung nicht die verschiedenen Schulen miteinander vermischte, sondern sie alle individuell behandelte. Es war keine Synthese. Alle Traditionen wurden

von diesen Meistern auf die für sie charakteristische Weise gelehrt – ohne jede Vorliebe.
Einige weniger bekannte buddhistische Lamas verfuhren ähnlich mit dem (vor-buddhistischen) Bonpo-System, und umgekehrt machten es auch die Bonpo-Lamas. Der Ehrwürdige Geshe Damchö Yönten, ein Lama der Gelug-Schule, erzählte mir einmal, Mönche aller Schulen kämen zu seinem Kloster, um das Debattieren zu erlernen, weil dieses Kloster dafür berühmt sei.
Wie überall auf der Welt gibt es auch in Tibet Probleme mit Sekten und sogar Gewalt, doch der Geist der Harmonie und des Respekts war in Tibet stets vorherrschend. Weil sowohl das buddhistische als auch das Bonpo-System die Dzogchen-Lehre (Große Vollendung) als ihren Gipfel betrachten, bezeichneten sich einige Lamas weder als Anhänger der einen noch der anderen Richtung, sondern als Praktiker des Dzogchen.
Symbole können so verschieden sein wie Menschen und ihre Heimat. Wenn Symbolsysteme einander widersprechen, muß das noch nicht problematisch sein. Problematisch wird es nur für diejenigen, die sich hinter einem Dogma verschanzt sicherer fühlen oder deren Interesse die vergleichende Religionswissenschaft ist, also eine reine intellektuelle Auseinandersetzung. Für den Übenden, der sich an ein System hält, gibt es keine Probleme. Ebensowenig für einen Übenden, dessen Sicht so weit ist, daß sie viele Systeme miteinander zu vereinbaren vermag; letzterer kann die verschiedenen Systeme innerhalb ihrer individuellen Grenzen anwenden, so wie es die Umstände erfordern.

6
Der Himmelstanz

Ich möchte Ihnen nun die Khandros vorstellen.

Das Wort »Khandro« bedeutet wörtlich »im Himmel wandelnde Dame«, doch »Himmelstänzerin« umfaßt ein Bedeutungsspektrum, das dem Wesen des Wortes näher kommt. Tanzen ist in diesem Sinne etwas, das wir mit jemandem tun – wir selbst sind die Tänzer, und die Khandros sind unsere Partnerinnen.

Manchmal ist der Tanz sanft und elegant, manchmal ist es ein wilder und wütender Stomp, und dann wieder können wir fast nicht Schritt halten – doch auch das ist immer noch Tanz. Der Tanz hört nie auf; deshalb können wir niemals sagen: »Heh, ich glaube, die nächste Runde lasse ich aus.«

Der Tanz verändert sich ständig. Er kann steif und ohne Grazie sein, wenn ein Partner ständig versucht zu fuhren. Wenn beide Partner gleichzeitig zu fuhren versuchen, ist das Ergebnis eine Art Kampf- oder Kriegstanz. Was auch passiert, stets bleibt es ein Tanz, doch für unsere Wahrnehmung kann das Ganze sehr verwirrend werden.

Tanz findet auf spontane Weise seinen Sinn in sich selbst, wenn er mühelos wird – wir werden eins mit unserem Partner, und unsere Füße berühren kaum noch den Boden. Die Bewegung verselbständigt sich, und wir entdecken, daß wir getanzt *werden*, oder vielleicht auch, daß Tanz und Tänzer unteilbar sind.

Raum ist in den Systemen des tibetischen Tantra weiblich, und diese weibliche Symbolik ist für die Tantriker sehr wichtig. Der Symbolismus des Weiblichen hängt mit den schoßähnlichen Qualitäten des Raumes zusammen – Raum ist Leere, die wesentlich kreativ ist und unentwegt die Welt der Phänomene hervorbringt. Raum wird oft als Große Mutter bezeichnet – der Schoß des Möglichen. Frauen genießen im tibetischen Tantra hohes Ansehen. Der Tantriker betrachtet und erkennt das Frau-Sein als Quelle der Inspiration.

»Im Himmel wandeln« enthält die Bedeutung »Raum haben, um sich zu bewegen«, Raum haben, um sich selbst und die eigenen eingefahrenen Verhaltensweisen zu beobachten. Im Englischen sagt man »einen Blick auf sich werfen« oder »einen Augenblick lang von sich selbst Abstand nehmen«. Um klar zu sehen, brauchen wir Raum – im Raum kann sich unsere natürliche Klarheit manifestieren. Wenn es uns nicht gelingt, unseren ureigenen Inneren Raum zu entdecken, bleiben wir in unserem Verwirrt-Sein befangen.

Die Khandros sind unsere *Augenblicke der Intuition*, unser Wiedererkennen des Raums. Sobald wir auch nur ein schwaches Glimmen jenes Raums erleben, ist eine gewisse Klarheit präsent, und unsere Wahrnehmung wird ein wenig »lichtdurchlässig« – wir erleben *Transparenz* und erkennen blitzartig die Nutzlosigkeit unserer strukturierten Gewohnheitsmuster. Solche Erkenntnisblitze werden durch konsequentes Üben häufiger, was wiederum anspornt, mit dem Üben fortzufahren. Dies ist die Khandro, die inspirierende Intuition, die uns befähigt, den Dschungel unserer Emotionen zu entwirren.

Im tibetischen Tantra gibt es viele anthropomorphe Symbole, die Aspekte oder Qualitäten unseres erleuchteten Bewußtseins darstellen. Die Khandros sind ein wichtiger Bestandteil dieses Symbolsystems und ein wahrer Schatz der Inspiration für die mystischen Gemälde Tibets – in der »Bewußseins-Malerei« Tibets gibt es viele verschiedene Arten von Khandros. Einige sind gelassen – sie stellen die offene Qualität der umgewandelten Gleichgültigkeit dar. Einige sind fröhlich – sie stellen die offene Qualität der umgewandelten Anziehung dar. Einige sind zornig – sie stellen die offene Qualität der umgewandelten Abneigung dar. *Seng-ge dong-ma* ist die zornige, löwenköpfige Khandro, deren furchterregendes Gebrüll die Illusion des Unerleuchtetseins zerstört und deren geheimer Zauber böse Beschwörungen aufheben kann. *Trosma Nakmo* ist die zornige schwarze Mutter, die mit ihrem Donnerkeil die Wurzel der Anhaftung durchschneidet. Die Khandros sind unbegrenzt in ihrer Vielfalt und Funktion, sie sind im gesamten Universum der Phänomene zu finden, jener verblüffend aktiven Funktion des unbegrenzten Raums.

Die vielen verschiedenen Khandros sind Emanationen der fünf primären Khandros, und diese *sind* das *Spiel der Elemente* – das Kyil-khor der phänomenalen Existenz. Deshalb bezeichnet die tantrische Terminologie unser gesamtes Universum mit all seinen Teilen als »Weisheitstanz der fünf Khandros«.

Dieser Tanz ist für den Übenden eine Quelle der Inspiration, wenn er offen dafür ist.

Der Tanz konfrontiert uns mit ständig neuen Möglichkeiten. Der Übende betrachtet die konkreten Umstände seines Pfades als Khandros und als seine besten Freunde. Ein Fortgeschrittener erkennt diese inspirierenden Qualitäten in jeder Situation, denn er ist sich der *Leere* oder der Raumhaftigkeit seiner selbst und der Welt, die er wahrnimmt, bewußt.

Unsere Gefühle sind der Tanz der Khandros – der Schwestern der Weisheit. Sie zu kennen bedeutet, sie zu lieben, und sie zu lieben bedeutet, unsere anfangslose erleuchtete Natur in der grenzenlosen Leere ihres Tanzes zu erkennen.

Seng-ge dongma, die löwenköpfige Khandro

Teil 2

Gelb – Ser (Ser)

7

Das Energiefeld der gelben Himmelstänzerin

Die Farbe Gelb ist mit dem Element Erde verbunden, mit der verzerrten Energie der Arroganz und mit der befreiten Energie der Qualität und Ausgewogenheit.

Erde ist von Natur aus massiv. Ihre erhabenen, monumentalen Formen flößen uns Ehrfurcht ein. Der Himalaja, die Alpen, die Anden und die Rocky Mountains prägen die Kulturen der Völker, die in diesen riesigen Gebirgsformationen leben. Die Erde kann uns mit ihrer Größe und Pracht überwältigen, so daß wir uns winzig vorkommen.

Erdbeben offenbaren die machtvolle Arroganz der verzerrten Energie des Elements Erde. In wenigen Sekunden zerstören sie die Arbeit vieler Jahre und hinterlassen nichts als Verwüstung. Erde kann eine äußerst beängstigende Energie sein.

Erde kann vom Menschen zu gigantischen Monumenten aufgetürmt werden, die im Grunde nur ausdrücken, wie wichtig er sich vorkommt. Wir bauen riesige Villen mit unzähligen Räumen, in denen Bedienstete auf unser Geheiß hin ihren mannigfaltigen Pflichten nachgehen. Die Keller sind mit edlen Weinen gefüllt, die unsere Diener sich niemals leisten könnten, und Küchen und Speisekammern quellen über vom Besten – möglicherweise ist dort sogar die eine oder andere vom Aussterben bedrohte »Köstlichkeit« zu finden.

Oder wir sind ein Tycoon und residieren in einem riesigen Bürolabyrinth aus Beton, Stahl und Glas. Unser Penthouse ist so verschwenderisch und überladen eingerichtet, daß es an Häßlichkeit grenzt. Die vielen Kostbarkeiten von unschätzbarem Wert und die kunstvoll gearbeiteten Möbel fallen uns

kaum noch auf. Wir sind der Prunksucht völlig verfallen. Alles, was das Bild stört, muß umgehend beseitigt werden – wir dulden in unserer Umgebung keinerlei Unbehagen. Wenn unser zwanghaftes Streben nach Wohlbefinden andere in Schwierigkeiten bringt, gehen wir mit der Bemerkung »Das ist nun einmal ihr Schicksal« darüber hinweg. Vom Unglück unserer Mitmenschen fühlen wir uns nie betroffen, denn: »Manche haben es eben, und andere nicht.« Schließlich haben wir für unseren Besitz hart gearbeitet! Und wenn wir das eindeutig nicht getan haben, handelt es sich eben um unser rechtmäßiges Erbe. Wir müssen ununterbrochen Befehle erteilen, um auch ja jedem klarzumachen, wie wichtig wir sind. Wir manipulieren unentwegt, um uns selbst davon zu überzeugen, daß dies unser gutes Recht ist. Unsere Welt soll luxuriös ausgepolstert sein, es darf keine scharfen Kanten darin geben, damit wir uns in unserem teuren Samtsmoking bequem zurücklehnen und uns weiter aufblasen können.
Erde steht für die materielle Welt und dafür, wie wir sie zu manipulieren versuchen, um uns selbst zu stabilisieren. Man könnte meinen, am liebsten wären wir eine Marmorstatue, denn im Grunde streben wir naiv nach Unsterblichkeit und Allmacht. Ironischerweise basiert dieses Streben auf einem tiefverwurzelten Gefühl der Armut. Auf die Konfrontation mit dem Inneren Raum haben wir mit einem äußerst starken Gefühl der eigenen Unzulänglichkeit reagiert. Um dies zu vertuschen, versuchen wir, uns die Welt der Erscheinungen zu eigen zu machen.
Wahrscheinlich kennen wir alle die Geschichte von dem jungen Mann, dessen Liebe zurückgewiesen wurde und der daraufhin in die Welt zog und es zu Geld und Ansehen brachte – nur um dann zurückkehren und sagen zu können: »Wenn du mich willst, wirst du darum betteln müssen...«In einer Version dieser Geschichte, einem ziemlich seichten Melodrama, stellt sich der junge Mann vor, seine ehemalige Angebetete ende in äußerster Verarmung und müsse in einer heruntergekommenen Hütte mit feuchten, schimmelnden Wänden leben. Sie soll seinen Namen leuchten sehen und den Tag verfluchen, an

dem sie so töricht war, ihn zurückzuweisen! Sie soll das Geld, das sie für die Miete zurückgelegt hat, ausgeben, um sich für ihn herauszuputzen. Dann soll sie reumütig zu ihm kommen und sagen: »Ach, Liebling, ich habe einen schrecklichen Fehler gemacht! Du weißt, daß ich dich immer geliebt habe.« Dann hat unser Held die Macht, ihr zu verzeihen oder sie mit einer gemeinen Bemerkung über ihr erbärmliches Äußeres zum Teufel zu jagen. Meist jagt er sie zum Teufel, nachdem er die Entscheidung eine Weile hinausgezögert und sein Allmachtsgefühl genossen hat. Ich glaube nicht, daß diese Geschichte sich in der Realität jemals so extrem abspielt – das ist eher eine männliche Erdneurosenphantasie. Wenn die junge Dame sich ursprünglich schon nicht von der Energie dieses Mannes angezogen fühlte, wird sich das später kaum ändern, es sei denn, sie hat selbst starke emotionale Probleme.
Die verzerrte Energie des Elements Erde – die Energie der Arroganz – steht in engem Zusammenhang mit Macht, Prestige und Status. Wir suchen Anerkennung und Einfluß. Wir versuchen, unser Leben auf felsenfesten Grund zu bauen, indem wir alles, was als wertvoll gilt, anhäufen und horten. Unsere Beziehung zur Welt ist geprägt durch Ausbeutung und durch ständige Erweiterung unseres Territoriums. Doch wie groß unser Reich auch wird, nie überwinden wir unsere Angst vor der Armut, und durch unseren Despotismus beschwören wir selbst Konflikte herauf. Der Despotismus führt zu Reaktionen und Interaktionen, die unser Gefühl der Armut weiter intensivieren, etwa wenn andere sich gegen uns stellen oder wenn Teile unseres Imperiums zusammenbrechen. Ständig spüren wir den nagenden Zweifel, die Furcht vor der Armut, deren Ursprung ein gewisses Flüstern in unserem Hinterkopf ist, jener uns ständig begleitende, abgrundtiefe Verdacht, daß wir vielleicht gar nicht existieren.
Die verzerrte Energie des Elements Erde manifestiert sich nicht nur auf diese großtuerische, extravagante Weise, sondern im gesamten sozialen Gefüge. Das besessene Streben nach einem eigenen Reich findet sich in allen Bereichen des Lebens. Ob es um persönliche Kontakte in der Welt der Kunst, in spiri-

tuellen Zirkeln oder im Geschäftsleben geht – überall gibt es Intrigen, den Kampf um sozialen Aufstieg, das gierige Sammeln von »Freunden« und das Manipulieren anderer Menschen. Ob wir hinter einem Zweitwagen oder hinter dem fünfzigsten Rolls Royce her sind, nur um damit an unseren verzückten Bewunderern vorbeizufahren, ist im Grunde kein großer Unterschied. Solches Streben gründet auf einem inneren Gefühl der Armut – ein Zeichen erschöpfter Energie.

Es gibt die verschiedensten Arten von Materialismus, sehr auffällige, aber auch verstecktere. Unsere Arroganz kann sich beispielsweise im Persönlichkeitsbild des stillen Eingebildeten äußern, der sich beharrlich weigert, sich anderen Menschen zu öffnen. In diesem Geisteszustand können wir niemandem seinen eigenen Erfahrungshorizont zugestehen – wir müssen uns in jeder Diskussion ebenbürtig, wenn nicht gar überlegen fühlen können. Manchmal sind unsere Mitmenschen von uns eingenommen, manchmal gelangweilt und frustriert, und wenn sie selbst etwas offener sind, finden sie es bedauerlich, daß keine echte Kommunikation mit uns zustande kommt. Die Unfähigkeit, Inkompetenz zuzugeben, und das völlig unbegründete Selbstvertrauen sind uns sehr hinderlich, denn in dieser Haltung werden wir kaum je etwas lernen. Durch Abkapselung vergrößern wir unsere eigene Armut, da wir uns den Reichtum der Welt nicht zunutze machen können. Unsere Erfahrungen können wir nicht mitteilen; das verhindert der Stolz, mit dem wir unsere innere Armut überdecken.

Die meisten von uns haben die folgende Szene wohl schon erlebt: Wir befinden uns in einer Gruppe von Menschen, die einander nicht kennen. Eine interessante Unterhaltung entwickelt sich, an der sich alle Anwesenden beteiligen – bis auf einen. Er sitzt da, lächelt still in sich hinein, und wir fragen uns, was er sich wohl denkt. Irgendwann kommt das Gespräch auf ein besonders interessantes, wenn auch vielleicht etwas abstruses Thema. Wie aus heiterem Himmel schmettert der große Geheimnisvolle mit dem fixierten Lächeln plötzlich los: »Ihr redet ja alle völligen Unsinn!« Manchmal mag das durchaus zutreffen – gewiß gibt es eine Menge intellektueller

Masturbation, die übrigens ein Charakteristikum der Erdneurose ist. Doch abgesehen davon, ob das Gesagte zutrifft oder nicht, verrät der geheimnisvolle Denker mit seiner Bemerkung in erster Linie seine eigene innere Verarmung. Seine unerbetene Bemerkung steht in keinem Zusammenhang zur Energie der übrigen Gesprächsteilnehmer, die ihre Ansichten und Ideen offen geäußert haben.

Derartige aus Arroganz geborene Äußerungen haben oft großen Einfluß auf sensible Menschen mit einer starken Tendenz zum Selbstzweifel. Solche hochtrabenden, verallgemeinernden Aussagen ähneln jenen Binsenweisheiten, mit denen die Neujahrs-Knallbonbons uns beglücken: Sie sagen nicht viel. An dem Spruch »Alles Natürliche ist einfach, und alles Einfache ist natürlich« mag etwas Wahres sein, aber ebensogut läßt sich einwenden: »Das sind doch alles nur Worte.«

Im Bereich der Religion äußert sich diese Haltung als Bigotterie, Selbstgerechtigkeit und Moralisieren. Wir alle kennen wohl Menschen, die meinen, sie hätten die Wahrheit gepachtet. Bei den östlichen Religionen besteht das Problem, daß Anhänger, die die religiöse Schriftsprache beherrschen, diese Fähigkeiten dazu mißbrauchen können, Macht über andere zu erlangen, die die Sprache nicht beherrschen und daher Sachkundige brauchen oder sich von deren Künsten beeindrucken lassen. Sprachkundige mit einer starken Erdelementneurose werden auf diese Weise in ihrer inneren Verarmung bestärkt. Es ist erschütternd zu beobachten, wie häufig die Beherrschung einer Fremdsprache im spirituellen Bereich mit Weisheit oder Klarheit verwechselt wird. Ich habe oft beobachtet, wie Menschen nur aufgrund solcher Sprachkenntnisse zu Ansehen und Wohlstand gelangt sind. Sie könnten ihre Begabung freigebig zum Wohle anderer einsetzen, doch oft wissen die glücklichen Besitzer nichts weiter damit anzufangen, als ihren Geiz und ihre eigene Aufgeblasenheit zu vergrößern.

Stolz und Selbstzufriedenheit sind auf sehr schwankenden Boden gebaut und gewöhnlich kurzlebig, denn Stolz basiert auf dem Konzept der Dauerhaftigkeit.

Unser Innerer Raum ist ständig unser Lehrer, indem er dann

und wann unerwartet durchscheint und dem Stolz den konzeptuellen Boden entzieht. Wenn wir diese seltenen Gelegenheiten nutzen, um die Natur der Energie zu erfahren, aus der Stolz entsteht, können wir uns von der Illusion der Armut befreien. Unser Stolz steht auf unsicherem Boden, denn seine Grundlage ist die Aufrechterhaltung des Status quo – des Feindes jeder Veränderung. Auf der Höhe einer traumhaften athletischen Karriere kann eine unheilbare Krankheit uns niederstrecken. Das wunderbare Haus, das zu bauen uns soviel Zeit gekostet hat, kann einer Erdsenkung zum Opfer fallen, womit wir natürlich überhaupt nicht rechnen. Unsere intime Dinnerparty könnte sehr unerfreuliche Folgen für uns haben, wenn unsere Gäste anschließend an einer Lebensmittelvergiftung erkranken. Das Buch, das wir soeben geschrieben haben und auf das wir so stolz sind, könnte von den Kritikern zerrissen werden, und unser Ruf wäre ruiniert. Der Sinn des Lebens ist nicht, daß wir unseren Stolz aufrechterhalten können – so läuft es einfach nicht. In einer Welt, in der Popularität in den Massenmedien über alles geht, ist ein gewisses Maß an Arroganz verzeihlich, solange wir »oben« sind. Sobald unsere Popularität jedoch abnimmt, mißt man auch die Arroganz plötzlich mit völlig anderen Maßstäben – sie wirkt hohl und erbärmlich; wir werden dann zum Objekt öffentlichen Gespötts und allgemeiner Kritik.

Schon aus dem Mittelalter sind Erzählungen über den Aufstieg eines Armen zum Reichtum und retour bekannt. Offenbar sind sich die Menschen dieses Musters schon lange bewußt. Eine solche Entwicklung findet sich im Roman »Simplicissimus Teutsch«, der in der Zeit des Dreißigjährigen Krieges spielt. Ein kleiner Junge, eine Waisenkind, wird von einem alten Einsiedler aufgenommen und im Wald aufgezogen. Als der Junge in das Alter kommt, in dem die meisten jungen Leute herausfinden wollen, wer sie sind, und ihr Leben in die eigenen Hände nehmen wollen, beschließt er, vom kontemplativen Leben Abschied zu nehmen. Er kann nicht einer Welt entsagen, die er gar nicht kennt. So macht er sich auf, um die Welt mit eigenen Augen zu entdecken, und stürzt sich ins Leben. Als ein freundlicher, begeisterungsfähiger junger Mann ist er überall gern gesehen. Er kommt gut zurecht in der Welt, ohne auf anderen herumzutrampeln. Er scheint tatsächlich seinen Spaß am Leben zu haben. Doch kaum hat er die Leiter erklommen, wirft ihn ein furchtbares Mißgeschick wieder hinab. In jenen extrem unsicheren Zeiten passiert dies immer wieder, ohne daß er selbst etwas dafür könnte, abgesehen von seiner Liebe zum Leben mit all seinen Freuden. Müde von den Wirren der Welt, gibt er sein freies Leben schließlich wieder auf und kehrt zu seinem Ziehvater, dem alten Einsiedler, zurück. Doch der Alte ist tot. Der junge Mann begräbt ihn im Wald, legt selbst das Einsiedlerkleid an und beschließt sein Leben friedlich in der Höhle, in der er schon seine Kindheit verbracht hatte. Im Sinne der tibetischen Lehren hat der junge Mann den Weg der Entsagung gewählt. Dies ist jedoch nicht der einzig mögliche Weg. Ebenso kann man den Pfad der Umwandlung wählen und mit den Strukturen des Lebens arbeiten, ohne an Versagen oder Erfolg zu hängen. Dies ist der Pfad des tibetischen Tantra, der im vorliegenden Buch dargestellt werden soll.

Da nichts dauerhaft oder sicher ist, sind Stolz und Arroganz entbehrliche Behinderungen. »Soliden Boden« finden wir nur, indem wir *die Unsicherheit zu unserer Sicherheit machen.* Die Erde wirkt so solide, und doch ist uns allen klar, daß sie erodieren kann. Trotzdem versuchen wir mit aller Kraft, uns jenes hochgeschätzte Gefühl der Solidität zu erhalten. Wir dulden nicht, daß man unsere Befehle ignoriert. Jeder Widerspruch und jede Kritik ist eine schwere Kränkung für unsere Arroganz. Am liebsten würden wir solche Beleidigungen bestrafen und die Unverschämten öffentlich demütigen lassen. Doch die Erde läßt sich nicht dauerhaft formen. Sie kann zerbröckeln, rutschen, absinken oder sich zu gigantischen Gebirgszügen auftürmen. Wenn man bedenkt, daß Tibet heute das höchste Hochland der Welt ist und immer noch ansteigt, obwohl an dieser Stelle einst ein Ozeanbecken war, so klingt das fast wie ein Witz. Die versteinerten Muscheln, die bei bestimmten tibetischen Ritualen als Trompeten benutzt werden,

sind eine große Mahnung, daß alles, aber auch wirklich alles der Veränderung unterworfen ist. Alles, was wir aus der Erde erschaffen, ist vergänglich. Veränderung und Auflösung untergraben ständig unsere scheinbar sichere Position, während wir uns an die Neurose der verzerrten Erdenergie klammern.
Das befreite Energiefeld des Elements Erde verströmt die wunderbare Wärme und den Reichtum der Erde, die unerschöpflich ist und jedem frei zur Verfügung steht, der sie braucht. Reichtum und Großzügigkeit gehen Hand in Hand, denn auch wenn wir nur sehr wenig besitzen, können wir reich sein und Reichtum anziehen, indem wir aus dem Geist des Gebens heraus leben. Wir finden immer etwas, das wir geben können. Selbst wenn wir nichts zum verschenken haben, können wir großzügig mit unserer Zeit und mit unserem Raum umgehen. Ich werde mich stets an die Freigebigkeit und Großzügigkeit der armen tibetischen Flüchtlinge erinnern, die uns freudig einluden, mit ihnen das wenige zu teilen, was sie hatten. Ein Lächeln oder ein freundliches Wort im richtigen Augenblick kann für einen anderen Menschen der wertvollste Schatz sein. Wenn man sich in einer Gruppe befindet und merkt, daß es einen Außenseiter gibt, kann man sich mit ihm unterhalten, statt sich an die »wichtigen« Leute heranzumachen. Man kann jemandem sagen, daß man ihn mag, sich für die Ideen und die Lebensweise eines anderen interessieren oder ihn an einem Erlebnis teilhaben lassen. All das kann Großzügigkeit ausdrücken, und wir alle könnten auf diese Weise unser eigenes Leben und das anderer Menschen bereichern. Wenn wir das Erkennen des Inneren Raums kultivieren, wird es uns auch möglich, in diese Richtung zu fließen.
Geiz ist der Bruder der Armut. Weil wir uns von der neurotischen Energie des Geizes leiten lassen, glauben wir, wir hätten nichts zu geben, und bleiben daher verarmt, gleich, wieviel wir haben. Der Vorrang unserer eigenen Bedürfnisse macht uns übersensibel für Verluste jeglicher Art.
Die Farbe Gelb wird assoziiert mit der Pracht des Goldes, mit dem warmen Leuchten von Bernstein und mit dem üppigen Sonnenlicht, das auf den glänzenden Weizen- und Roggenfel-

dern funkelt. Wir finden es in der vollen Farbe von Zuckermais, in den zerzausten Ähren des Roggens, in der Süße des Honigs, in der Üppigkeit der Butter und im satten Gelb von Bananen und Sesamöl. Das verzerrte Energiefeld der Farbe Gelb kann sich als Verfall und Tod manifestieren, als Fäulnis, als die Farbe von altem Papier oder alternder Haut – als Farbe der Krankheit.

Das stilisierte tibetische Symbol dieses Energiefeldes ist Rinchen, der wunscherfüllende Edelstein – der überfließend freigebige Ursprung allen Reichtums und alles Nährenden. Rinchen stellt alles Erforderliche bereit und erfüllt spontan jedes Bedürfnis. Rinchen, das facettenreiche Juwel, läßt das Licht in alle Richtungen gleichmäßig widerstrahlen und hüllt das Universum in eine warme, leuchtende Glut ein. Der Süden ist die Richtung der gelben Himmelstänzerin; er ist immer warm und gastfreundlich. Selbst die Reichsten unter uns beziehen im Urlaub auf eine sehr einfache Weise Nahrung aus der Erde: Wir liegen im Sand und saugen Sonne in uns auf. Die Sonne bräunt uns alle gleich, und abgesehen von den Reisekosten, die wir haben, um an einen Ort zu kommen, wo die Sonne sicher scheint, ist sie völlig gratis.

Die gelbe Himmelstänzerin tanzt für uns im Herbst, in der Zeit der Ernte, wenn die Bäume sich unter der Last ihrer Früchte biegen und die Sträucher überquellen von Beeren. Die Ernte wird eingefahren, das Getreide wird gedroschen und zu Mehl vermählen. Riesige orangefarbene Kürbisse hängt man in Netzen unter das Dach; sie sollen später zu Suppen und Pasteten verarbeitet werden. Eingekochtes wird in Gläser abgefüllt, Marmeladen werden gekocht, und der Wein gärt in großen Korb- und Ballonflaschen und brodelt fröhlich vor sich hin. Es gibt köstliche Nahrung im Überfluß, und eine Atmosphäre der Sättigung und der Erfüllung liegt in der Luft. Sogar das nicht geerntete Obst und Gemüse bereichert durch den Fäulnisprozeß die Erde. Im Kreislauf der Anreicherung und der Fruchtbarkeit kehrt schließlich alles zur Erde zurück. Die Erde ist eine kostbare Schatzkammer, die alle unsere materiellen Bedürfnisse erfüllt. Das Energiefeld der Erde wird mit den späten Morgenstunden assoziiert, wenn der Tag noch voller Versprechungen und Möglichkeiten ist. Das Gras unter unseren Füßen ist weich und nachgiebig und noch etwas feucht. Die Sonne steigt am Himmel auf, und die Wälder bieten uns eine Fülle wohlschmeckender Überraschungen: Haselnüsse, Kastanien und Pilze, die wie durch Zauberei plötzlich aus dem Nichts auftauchen.

Der Reichtum, den wir hier beschreiben, spiegelt sich in unserer Umgebung wider, er ist jedoch gleichzeitig *ein zentraler Bestandteil unseres Seins.* Wenn wir den Inneren Raum entdekken, haben wir wirklich alles, was wir brauchen. Diese Erkenntnis kann uns zu dem Bewußtsein führen, daß wir in der ursprünglichen Natur unseres Seins schon völlig geborgen sind – wir tragen die Weisheit des Gleichmuts in uns und sind frei von Anhaftung.

Der Geist ist sich selbst genug, und unsere Welt ebenfalls. Der Geist verlangt nach nichts, sondern ist selbst Urgrund von allem – die unerschöpfliche Quelle der Phänomene.

8

Das Energiefeld der weißen Himmelstänzerin

Die Farbe Weiß ist mit dem Wasser verbunden, mit der verzerrten Energie des Zorns und der befreiten Energie der Klarheit.

Wasser kann trübe sein, in unzähligen Bläschen schäumen, wenn es gegen einen Felsvorsprung schlägt oder am Fuß einer Klippe hin- und herrollt. Mit der ungeheuren Kraft des »weißen Wassers« muß man äußerst vorsichtig umgehen, denn seine reißende Strömung kann tödlich sein. Das dramatischste Beispiel hierfür, das ich mit eigenen Augen gesehen habe, ist der Fluß Be-as in Manali im Himalaja. Als ich mich dort einmal in der Nähe der Gompa (Meditationsstätte) von Apo Rinpoche aufhielt, war ich ständig in Versuchung, mich in dieses Gewässer zu wagen, um darin zu schwimmen. Ich wußte, daß es mich zerschmettern würde, ehe ich auch nur die Zeit hätte zu ertrinken. Es gab aber mehrere Altwässer, die durch riesige Flußsteine vom Hauptstrom abgetrennt waren. Dort saß ich gewöhnlich, um die Kühle der Gischt zu spüren, während ich versuchte, mein Bewußtsein mit dem tosenden Wasser verschmelzen zu lassen. Die Gischt der Felsen, der Findlinge, die im Hauptstrom des Be-as lagen, war so gewaltig, daß sogar eine Verschlußzeit von zwei Tausendsteln einer Sekunde nicht ausreichte, um den Schaum auf einem Foto erstarren zu lassen. Doch in seiner zügellosen Wildheit lag eine klare, frische und makellose Schönheit, – völlig rein, ganz und gar unverfälscht.

Wasser kann auch zornig kochen und brodeln, etwa in einem großen Kessel oder in einer heißen Quelle. Es kann schäumen

Weiß – Kar (dKar)

und spritzen, mit der beißenden Geringschätzung des Zorns, dem es an jeglicher Beherrschung fehlt. Wasser zeigt die Eigenschaften des Zorns in ihrem gesamten Spektrum – wir brauchen nur an der Meeresküste entlangzugehen und uns die angeschwemmten Wrackteile anzuschauen, all die Trümmer und unidentifizierbaren Überreste. Aber Zorn äußert sich nicht immer so ungezügelt. Manchmal ist er eisig, der kalte, bittere Zorn berechnender Destruktivität. Äußerlich mögen wir kontrolliert erscheinen, doch in unserem Inneren steht der Atomkrieg kurz vor dem Ausbruch. Unser ganzes Handeln ist exakt berechnet und zielt letztlich auf eine sehr genau kalkulierte, verletzende Wirkung ab. Unsere Motivation hat die Schärfe und die schneidende Genauigkeit von zerbrochenem Glas oder zerstückeltem Eis. Gefrorenes Wasser kann wie ein Skalpell schneiden und lebensgefährliche Verletzungen verursachen.

Wie Zorn sich auch manifestieren mag, er schärft unsere Präsenz – unser Bewußtsein wird fast punktförmig. Wenn wir über etwas Spezielles wütend werden, dann verschmilzt alles, was uns gewöhnlich irritiert, was uns unangenehm ist oder was wir als empörend empfinden, zu einem nebelhaften Flekken am äußersten Rande unseres unmittelbaren emotionalen Gedächtnisses. Unsere gewöhnlichen Sorgen und Ängste haben ihren ablenkenden Einfluß auf uns verloren – die unbezahlte Milchrechnung, der defekte Wasserbehälter im Klo, der Typ von nebenan, der zu jeder Tages- und Nachtzeit Saxophon spielt (Warum muß er nur ständig »O When the Saints« spielen!), das schlampige Paar auf der anderen Seite, das Berge von übelriechendem Abfall vor der Hintertür aufhäuft und es offenbar nie schafft, ihn rechtzeitig zum Hoftor zu bringen, damit er von der Müllabfuhr abgeholt werden kann. Unerklärlicherweise ist all das plötzlich gar nicht mehr so furchtbar ärgerlich, wenn wir unserer Wut über etwas anderes Luft machen.

Zorn ist direkte Kommunikation, eine intellektuelle Energie, die nur auf ihre Beziehung zu ihrem Objekt gerichtet ist. Wenn wir jemanden beschimpfen, weil er uns gekränkt hat oder weil er glaubt, er könne mit uns nach Belieben umspringen, verengt sich unsere sinnliche Wahrnehmung zu einer Art Tunnelsicht. Wir hören, riechen, fühlen oder schmecken nichts anderes mehr – unser Denken ist in dieser Kommunikation gefangen. In gewissem Sinne leben wir in unserer Wut sehr stark im Jetzt und sind sehr präsent. Wenn wir die Energie des Zorns auf diese Weise betrachten, finden wir die verschiedendsten positiven Qualitäten darin, darunter einige, auf die wir uns durchaus einmal einlassen sollten.

Da Zorn eine verzerrte Form von Klarheit ist, ist es nur logisch, daß ihm bestimmte Qualitäten der Klarheit eigen sind. Ärger und Klarheit sind nicht zwei völlig verschiedene Energien, sie stehen vielmehr in einer dynamischen Beziehung zueinander. Es handelt sich also nicht um Polaritäten oder Gegensätze im Sinne des taoistischen Yin/Yang-Prinzips – dies ist ein völlig anderes Konzept, eine andere Art, die Welt zu betrachten. Hier geht es um eine Energie, die offenbar zusammengeschnürt worden ist. Die der Klarheit eigene ursprüngliche Weisheit ist die potentielle Energie des Zorns im künstlichen Zustand der Dualität.

Wut entsteht, wenn wir auf das Erfahren des Raums mit Angst reagieren. Wenn wir merken, daß jemand uns ausnützen könnte, glauben wir, sofort Gegenmaßnahmen ergreifen zu müssen. Manchmal fühlen wir uns verletzlich, zerbrechlich und leer – wie eine dünne Eisschicht auf einem Teich, die bei geringsten Druck brechen kann. Aus diesem Gefühl heraus entstehen Aggression und Intoleranz, mächtige Kräfte unserer Persona. Wir hoffen, daß unsere Demonstration von Feindseligkeit jeden davon abhalten wird, uns zu kränken oder zu demütigen. Zorn wird zu unserer Art der Kommunikation mit der Welt, zu unserer Art, uns selbst und anderen zu beweisen, daß wir wirklich sind. Wir fühlen uns zerbrechlich und ungeschützt, wie auf des Messers Schneide. Deshalb muß jeder, der uns auf irgendeine Weise bedroht, mit sofortigen Vergeltungsmaßnahmen rechnen. Für eine Hand nehmen wir einen Arm, und für einen Arm hacken wir unserem Gegner den Kopf ab. All dies ist sehr barbarisch, und ob es sich um die Barbarei eines alten Kriegsherrn oder um die kultivierte Barbarei der Machtspiele in einem Sitzungssaal handelt, macht kaum einen Unterschied.

Wenn die Energie des Zorns auf ihre charakteristische Art wirkt, sind selbst die ansonsten Stumpfsinnigsten und Geistlosesten plötzlich mit außergewöhnlichen Gaben gesegnet. Wir verfügen dann über ein unglaubliches Gedächtnis und sind in der Lage, auf der Stelle alle möglichen Ereignisse aus der Vergangenheit auszugraben, die das Opfer unseres Zorns mit Sicherheit zutiefst kränken. Mit einem unglaublichen Zuwachs an Scharfsinnigkeit und Sarkasmus finden wir genau die richtigen Worte, um dies zu erreichen. Wir parieren die Bemerkungen des anderen mit der blitzschnellen Geschwindigkeit des Samurai – jede Antwort kann ein Stoß mit dem Rapier sein und ein lebenswichtiges Organ durchbohren. Je mehr wir unsere intellektuellen Fähigkeiten entwickeln, um so schärfer wird die Schneide unseres Zorns. Doch irgendwann gehen uns die Worte aus, und wenn Worte versagen, wird die Energie zu physischer Gewalt. Wut und Aggression sind Symptome für Schwäche- und Angstgefühle. Wenn wir Zuflucht zur Wut nehmen, sagen wir damit im Grunde, daß wir Angst haben – wir sind zu ängstlich, um unsere Gefühle ehrlich auszudrücken.

Wir werden nur wütend, wenn wir das Gefühl haben, unser Gegenüber sei in irgendeiner Hinsicht stärker als wir. Dies ist möglicherweise nicht leicht zu verstehen, besonders für Frauen, die unter der Gewalttätigkeit ihrer Männer leiden, doch Stärke kann sich auf sehr unterschiedliche Weise zeigen. Wenn wir in der Lage sind, jemanden zusammenzuschlagen, so heißt das noch lange nicht, daß wir uns stärker fühlen als er. Es gibt emotionale Stärke, geistige Stärke, moralische Stärke, die Stärke, die Sicherheit ausstrahlt, und die Stärke einer Überzeugung oder eines Glaubens. Physische Stärke und verbale Aggression sind offensichtlich und gewöhnlich nicht von Dauer, wohingegen die abstrakteren Arten der Stärke tiefer verborgen und ausdauernd sind. Wut entsteht, wenn wir mit einer Stärke eines anderen Menschen konfrontiert werden, die uns selbst fehlt. Wir glauben, daß es sinnlos ist, die Angelegenheiten in Ruhe zu bereden, denn wenn wir das täten, müßten wir unsere Unsicherheit offenbaren. Keinesfalls können wir unsere Ängste eingestehen, denn sie sind uns peinlich – sie passen nicht zu unserem geliebten Selbstbild eines intellektuell brillanten Menschen mit einer an Grausamkeit grenzenden Härte. Wir fürchten, man könnte uns auslachen, wenn wir Schwäche zeigen, und um unser Ansehen nicht zu verlieren, nehmen wir Zuflucht zu der Idee, daß Angriff die beste Verteidigung sei.

Wenn unsere aggressiven intellektuellen Beleidigungen von unserem Gegner zerpflückt werden und wir als borniert, irregeleitet, egoistisch oder auf irgendeine andere Weise als tadelnswert dastehen, bleibt uns als letzte Möglichkeit nur der Fausthieb ins Gesicht. Unglücklicherweise ist dies der erste Schritt auf dem Weg zum atomaren Konflikt. Wir sollten uns hüten zu glauben, daß Kriege von bösen Machthabern initiiert werden, die so ganz anders sind als wir. In diesem Licht betrachtet sind sie entweder nicht so schlecht, wie es scheint, oder wir sind nicht so gut, wie wir gerne erscheinen möchten. Wir können es uns nicht erlauben zu erkennen, daß unsere wirkliche Stärke im Eingestehen unserer Schwäche liegt. Unsere Schwäche existiert nur, weil wir sie in einer Art emotionalem Hochsicherheitstrakt unter Verschluß halten.

Dies könnte uns zu einem völlig neuen Verständnis unseres Zorns und der Wut, die andere auf uns projizieren, verhelfen. Daß wütende Menschen sich schwach fühlen und Angst haben, mag paradox erscheinen, da wir uns selbst ja ebenfalls hilflos fühlen, wenn jemand seine Wut auf uns richtet. Wir fühlen uns so, weil wir nur das sehen, was an der Oberfläche geschieht. Daß wir die Wut eines anderen Menschen ertragen müssen, weil dieser unsere Stärke fürchtet, erscheint uns vermutlich als ziemlich abartig. Wenn wir uns aber klarmachen, daß wir oft nur zum Objekt der Wut werden, weil wir als stark erscheinen, vermögen wir vielleicht sanfter mit jemandem umzugehen, der wütend auf uns ist. Wenn wir uns nicht vor der Wut anderer zu schützen brauchten und statt dessen unsere Stärke in der latenten Fähigkeit erkennen könnten, unsere eigene Verletzlichkeit zu zeigen, wäre der andere möglicherweise nicht mehr wütend auf uns. Würden wir mitten in unserer Wut plötzlich erkennen, daß wir Angst haben, so könnten wir vielleicht den Mut aufbringen, dies demjenigen, auf den sich unsere Wut richtet, einzugestehen. Nachdem wir uns diese Blöße gegeben haben, kann es passieren, daß der andere uns versichert, unsere Gefühle der Unsicherheit und Unzulänglichkeit seien unbegründet. Gewöhnlich haben wir so große Angst davor, zu zeigen, wie wir sind, daß die »Wut/Angriff«- und »Beleidigung/Abwehr«-Mechanismen sich unser ganzes Leben lang unverändert wiederholen.

Als umgewandelte Energie ist Zorn spiegelgleiche Weisheit – nicht-zerstreute, unverzerrte Klarheit. Aber um diese Klarheit für uns zu finden oder um diesen Spiegel zu polieren, müssen wir den heimtückischen Prozeß der Rechtfertigung unterbrechen. Wir greifen auf die Autorität der Rechtfertigung zurück, um unsere Wut zu legitimieren – deshalb dürfen wir uns nicht gestatten, in Rechtfertigungen zu schwelgen. Das ist allerdings, gelinde gesagt, nicht gerade einfach, denn der Prozeß der Rechtfertigung ist ein wichtiger Bestandteil unserer Erziehung und ein hervorstechendes Merkmal des kulturellen Erbes der Welt. Das atomare Gleichgewicht des Schreckens ist von diesem Prozeß verseucht, ebenso das ganze Spektrum politischer Anschauungen, vom Kommunismus bis zum Faschismus; unglücklicherweise spielt Rechtfertigung sogar eine wichtige Rolle bei Ideologien, die vorgeben, dem Wohl der Menschheit zu dienen. Wie oft haben wir wohl schon gehört: »Natürlich bin ich sauwütend – das wäre ja jeder!« Die Ansicht, das es unser gutes Recht ist, alles zu fühlen, was wir fühlen, muß ernstlich in Frage gestellt werden.

Sicherlich kann man vertreten, daß solche negativen Emotionen »natürlich« sind, aber was heißt das eigentlich? Wir können uns heiß fühlen, wir können uns kalt fühlen, wir können uns hungrig und durstig fühlen oder wir können physische Schmerzen fühlen, doch damit ist das Reich der Emotionen noch nicht definiert, denn emotionale Reaktionen sind von

Mensch zu Mensch verschieden. Emotionen gehören einer völlig anderen Kategorie an. Für das Gefühl der Kälte gibt es kein Konzept. Aus unserem Kältegefühl können zwar Konzepte entstehen, doch die Kälte bliebe auch, wenn diese Konzepte wieder verschwinden würden. Und wie steht es mit den Emotionen? Was bleibt von ihnen, wenn die Konzepte verschwinden? Genau das schauen wir beim Üben von Shi-ne an, und wir tun dies, um zu wachsen und unsere authentische Natur wiederzuentdecken. Welche Gefühle sind natürlich für einen Menschen? Hat irgend jemand von uns bei seiner Geburt ein offizielles Handbuch darüber mit auf den Weg bekommen? Man könnte sagen, daß Einsamkeitsgefühle natürlich sind, wenn man uns isoliert, aber es gibt in allen Kulturen Einsiedler, die diesem Konzept nicht entsprechen, und sicher sind sie nicht alle Misanthropen. Natürlich gibt es Misanthropen – ebenso aber auch Einzelgänger, Menschen, die bewußt ihres eigenen Weges gehen, die sich von anderen eingeengt fühlen und die uns schnell daran erinnern, daß sie ihren Raum brauchen, wenn sie sich bedrängt fühlen. Solche Menschen sind nicht einfach nur Ausnahmen von der Regel, daß wir Gesellschaft brauchen. Welchen Bereich unseres Lebens wir auch anschauen, überall gibt es Menschen, die andere Bedürfnisse haben als wir. Wir können uns auch dessen bewußt sein, daß andere Menschen Bedürfnisse zu haben scheinen, die wir nicht haben.

Dies bedeutet keineswegs, daß wir den Weg der Selbstkasteiung einschlagen müssen. Der mystische Pfad verlangt nicht unbedingt, daß wir jedes emotionale Bedürfnis ignorieren. Wir können unsere eigene einzigartige Energiestruktur respektieren und lernen, auf harmonische Weise mit ihr umzugehen. Wir können ein gewisses Bewußtsein darüber entwickeln, wie unsere emotionalen Bedürfnisse uns fesseln und wie sie Lebenskrisen verursachen, wenn sie mit dem, *was ist*, in Konflikt geraten. Wir haben es hier mit einem sehr fragilen Gleichgewicht zu tun, das die Erfahrung des Raums braucht, damit wir uns selbst gegenüber weder zu nachgiebig noch zu hart sind. Die Erfahrung des Inneren Raums hilft uns, unsere Emotionen mit einer

Prise Humor zu betrachten – mit etwas mehr gesundem Menschenverstand und mit Perspektive.
Das wichtigste Resümee aus all dem ist, daß es falsch ist zu sagen: »Du hast mich wütend gemacht!« Zutreffender wäre: »Als Reaktion auf das, was du mir meinem Empfinden nach angetan hast, habe ich mich selbst in den Zustand der Wut versetzt.« So übernehmen wir die volle Verantwortung für unsere Gefühle und hören auf, anderen die Verantwortung zuzuschieben. Indem wir für alles, was wir fühlen, die Verantwortung übernehmen, können wir die Rechtfertigung ein für alle Male ausschalten.
Außer den Himmelstänzerinnen gibt es in den tibetischen tantrischen Traditionen auch andere anthropomorphe Symbole für unser erleuchtetes Bewußtsein. Manchmal handelt es sich dabei um ziemlich furchterregende Wesen. Ekajati, die »Einäugige Mutter«, hält in ihrer Hand ein herausgerissenes Herz. Dies symbolisiert, daß die Rechtfertigung erbarmungslos ausgerottet werden muß. Wenn wir das Herzblut der Rechtfertigung vergießen, wird es uns möglich, *sanfte Menschen* zu sein. Wir werden entspannter und fangen an, uns selbst zu entdekken. Der wesenseigene Raum unserer Anfangslosigkeit läßt Mitgefühl für andere entstehen.
Deshalb brauchen wir uns aber nicht von anderen überrennen zu lassen – die Verantwortung für unsere Gefühle zu übernehmen bedeutet vielmehr, daß wir in unseren Reaktionen klar sind. Wir brauchen nicht auf die Wut zurückzugreifen, um das Unrecht der Welt wiedergutzumachen – ebenso entschlossen können wir uns auch ohne Wut für Frieden, Gleichheit und Harmonie einsetzen. Wenn in der Welt oder in unserer persönlichen Situation Unrecht geschieht, so hilft uns unsere Wut nicht, es zu beseitigen, im Gegenteil, sie ist uns dabei im Wege. Wenn wir den Raum entdecken, können wir offen zeigen, wie wir uns fühlen. Der mystische Pfad hindert uns nicht, entsprechend der Intelligenz des Herzens zu handeln – wenn wir anderen Menschen erlauben, uns oder unsere gemeinsame Umwelt zu zerstören, so tun wir ihnen damit sicherlich keinen Gefallen.

Deshalb müssen wir uns bei unserer praktischen Arbeit mit der Wut mehr auf unseren eigenen Inneren Raum verlassen als auf neurotische Gedankenprozesse und auf habituelle Reaktionen. Wenn wir über negative Emotionen nachdenken, statt sie auf einer nichtbegrifflichen Ebene zu erfahren, verstärken wir sie. Der einzige Ausweg ist, unser Gewahrsein auf jeder aufsteigenden Emotion ruhen zu lassen und sie in reiner Form zu erleben.

Wenn wir die Rechtfertigung loslassen, sind wir weniger stark in die Bemühung verstrickt, die Integrität unseres Selbstbildes aufrechtzuerhalten, und die Energie der Wut ist nicht mehr gefärbt oder zersplittert durch unser Bedürfnis zu beweisen, daß wir durch Aggression existieren.

Wenn sich die »Subjekt-Objekt-Dichotomie« im Raum auflöst, kann Zorn nicht länger als Zorn existieren, sondern nur noch als vollkommene Klarheit, die leidenschaftslos alles widerspiegelt, das sie sieht. Nichts wird ausgespart, nichts hinzugefügt – wir sehen das gesamte Bild in all seinen pulsierenden Details.

Diese nichtbedingte Klarheit zeigt sich im Glitzern, in der Klarheit und in der Ruhe des Wassers. Eine unbewegte Wasseroberfläche spiegelt den Himmel perfekt; sie besitzt jene kristallene Klarheit, die Verzerrungen unmöglich macht. Wenn Wasser klar ist, kann man es kaum sehen; man nimmt nur die ungreifbare, glitzernde und reflektierende Qualität seiner Oberfläche wahr. Wir sehen Kiesel, Flußschotter, Steine, Felsen, Pflanzen und Fische, als wäre kein Wasser da.

Diese reine, unverzerrte, reflektierende Qualität wird symbolisiert durch das »Me-long«, den »magischen Spiegel des Geistes«. Das Me-long ist ein ganz besonderes Symbol des tibetischen Tantra, denn es verkörpert die wesenseigene Qualität des Geistes zu reflektieren. In den Lehren des Dzogchen gibt es drei Übermittlungsmethoden: die mündliche, die symbolische und die direkte. Das Me-long wird bei der symbolischen Übermittlung benutzt. Die mündliche Übermittlung besteht in der verbalen oder »geflüsterten« Instruktion, die ein Lama seinem Schüler gibt. Bei der symbolischen Übermittlung zeigt der Lama ein Symbol wie das Me-long oder einen Kristall, um das Gemeinte auf einer weniger begrifflichen Ebene zu vermitteln. Direkte Übermittlung ist Kommunikation von Geist zu Geist, die völlig frei von Konzepten ist. Das Me-long, ein kreisrunder Spiegel (gewöhnlich aus Silber oder Messing), übermittelt eine sehr wichtige Lehre über die Natur des Geistes. Ich will nun versuchen zu erklären, was das Me-long übermitteln soll. Der Spiegel reflektiert, doch sind diese Widerspiegelungen nicht der Spiegel und definieren ihn auch nicht. Sie existieren nur, weil der Spiegel die Fähigkeit hat widerzuspiegeln. Nun sind die Spiegelungen zwar nicht der Spiegel selbst, sie sind aber auch nicht vom Spiegel zu trennen – denn wir sehen den Spiegel nur dank ihrer. Wir definieren den Spiegel als die Spiegelungen, die wir in ihm sehen. Nur selten gelingt es uns, einen Blick auf den leeren Spiegel zu werfen – die fundamentale schöpferische Fähigkeit. Wir sehen den Spiegel wegen seiner Widerspiegelungen, und ganz gleich, ob sie schön oder häßlich sind, der Spiegel selbst bleibt unberührt – er reflektiert alles genau gleich. Dieses Gleichnis für den Geist gewinnt an Bedeutung, je erfahrener wir im Üben von Shi-ne werden und je mehr wir dieses Üben vertiefen. In der Bewußtseinsmalerei Tibets wird das Me-long manchmal vor der Brust großer Meister der Tradition des Dzogchen (Große Vollendung) abgebildet. Der Meister Azom Drugpa, die vorige Inkarnation von Lama Namkhai Norbu Rinpoche, wird oft so dargestellt.

Wasser kann die Festigkeit und die Schärfe von Eis haben. Es gibt nichts, das unklar, verschwommen oder schwer zu unterscheiden wäre. Die Landschaft glitzert von den kristallinen Mustern gefrorenen Wassers.

Als Hauptrichtung wird dem Energiefeld der weißen Himmelstänzerin traditionell der Osten zugeordnet. Dort geht die Sonne auf, und dort verströmt die Dämmerung ihr kühles, leidenschaftsloses Licht.

Das tibetische Symbol für dieses Energiefeld ist der Dorje, der Donnerkeil oder Blitzeinschlag. Dem Dorje sind die Qualitäten der Schärfe, der vollkommenen Präzision und der absoluten Unzerstörbarkeit eigen. Er ist unerschütterlich, das heißt, unablenkbar und frei von Eigenschaften. Er wird auch als Diamantzepter bezeichnet, denn der Diamant ist die härteste materielle Substanz; sie kann alles durchschneiden, ohne selbst beschädigt zu werden. Der Dorje durchdringt sein Objekt vollkommen und direkt.

Die Jahreszeit, die mit dem Energiefeld der weißen Himmelstänzerin assoziiert wird, ist der Winter mit seiner unberührten, klaren Landschaft. Schneeverwehungen verlaufen wellenförmig in wunderbarer Präzision. Die weißen Hügel in der Ferne bergen keine Geheimnisse – das Land ist offen und frei von Verwirrendem. Geräusche tragen in der klaren kalten Luft weit, denn es gibt keine gebrochenen Oberflächen, die verzerrte Echos zurückwerfen könnten. Ungeheure Stille, die Reinheit des geräuschlos fallenden Schnees und die funkelnde Geometrie kristalliner Strukturen bestimmen das Bild.

9

Das Energiefeld der roten Himmelstänzerin

Die Farbe Rot ist mit dem Element Feuer verbunden, mit der verzerrten Energie des Greifens und der befreiten Energie des unterscheidenden Gewahrseins.

Feuer ist eine vitale, leidenschaftliche Kraft, die ihre Welt verzehrt – es kann alles verschlingen und alles zerstören, was mit ihm in Kontakt kommt. Feuer ist eine sinnliche Energie – wir sprechen davon, daß unsere Begeisterung »entfacht« worden ist, von »glühender Leidenschaft« und von »brennendem Verlangen«. Populäre Liebeslieder enthalten oft Verse wie »setting the night on fire« oder besingen, daß Liebende füreinander »entbrennen«. Sexuelle Erregung wird oft mit einer »Entzündung« verglichen. Die Dichtung hatte zu allen Zeiten die verschiedenen Formen dieses Verbrennungsprozesses zum Thema. Sie hat die Leidenschaft in allen Varianten vom Funken über das schwelende Feuer bis zur Feuersbrunst beschrieben. Wir sagen, daß unsere Liebe zu jemandem »entflammt« ist, und wenn das Gefühl abebbt oder wir mit gebrochenem Herzen zurückbleiben, fühlen wir uns kalt und projizieren Kälte auf die Welt. Diese sprachlichen Ausdrücke sind keineswegs zufällig oder zusammenhanglos – wir stehen in Wirklichkeit ständig in Kontakt mit der leeren Essenz unserer Elemente, denn unsere Erleuchtung ist immer präsent, wenn auch nicht in manifester Form.

Die Gier nach Besitz hat etwas Wahlloses. Sie läßt uns keinen Raum, uns selbst zu beobachten. Da wir keine Distanz zwischen uns und dem Objekt unseres Verlangens zulassen können, hat unser Unterscheidungsvermögen keinen Ansatzpunkt

Rot – Mar (dMar)

und keinen Raum, um in Funktion treten zu können. Wir haben keinen Raum, die Objekte unseres Verlangens differenzierter zu würdigen, denn die intensive Klaustrophobie des Greifens hält uns gefangen. Wir stürzen uns ins Leben und schießen ständig über das Ziel hinaus – wir trinken zuviel, bleiben zu lange auf, gehen zu oft auf Partys, »heben zu oft ab« und versuchen, aus allem und jedem den letzten Tropfen »Spaß« herauszupressen. Übersättigung prägt unser Leben, und alles, was einfach und unverfälscht ist, vermag uns nicht mehr zu befriedigen. Wir brauchen Multimedia-Unterhaltung: Wir sprechen mit jemandem, schauen uns gleichzeitig einen Bildband an, und dazu plärrt die Stereoanlage; außerdem muß das Fernsehen eingeschaltet sein, allerdings ohne Ton; in der einen Hand haben wir eine Zigarette, in der anderen eine Tasse Kaffee. Wir übertreiben alles und brennen uns auf diese Weise selbst aus.

Alles muß immer weiter gesteigert werden. »Wäre es nicht toll, mit der schönsten Frau oder dem schönsten Mann der Welt ein Rendezvous zu haben?« Leidenschaftliche Synthesizersounds würden die Untermalung liefern, und wir würden einen guten alten Calvados-Brandy servieren. Alles wäre in ein sanftes, angenehmes Licht getaucht. Nein, besser noch, ein rotes Flashlight, und an der Decke über dem Bett müßte ein großer Spiegel hängen, auch an den Wänden, und eine Videokamera würde jeden Augenblick festhalten und an einer anderen Stelle im Raum auf eine Leinwand projizieren. Doch da fallt uns schon wieder etwas Besseres ein: In leidenschaftlicher Umarmung springen wir über der Sahara aus einem Flugzeug, landen im freien Fall in einer phantastischen Oase und finden einen Kühlschrank voller eiskaltem Batida de Coco und frischgepreßtem Orangensaft vor. Die Luft schwirrt vom Klang arabischer Musik, und im Hitzedunst über den Dünen verfließen die unvorstellbarsten Luftspiegelungen ineinander, lyrisch erglühend auf den bewegten Schwingen der Musik. Leider, leider ist das alles nur ein Tagtraum, eine Herabwürdigung unseres tatsächlichen Lebens und unseres realen Partners. Nie geben wir uns damit zufrieden, die erstaunlichen Qualitäten des Hier und Jetzt, das sich um uns entfaltet, zu würdigen. An unserem Traum ist nichts richtig oder falsch, gut oder schlecht, aber wir *leben* ihn einfach nicht. Und wenn wir unseren Traum dem Tatsächlichen vorziehen, unserer realen Beziehung zu unserer Situation und zu den Menschen, mit denen wir Kontakt haben, ist das im Grunde ziemlich beleidigend und entwürdigend.

Feuer hat die Qualität des Verlangens und gleichzeitig die Qualität der Objekte des Verlangens. Feuer ist provokativ, verführerisch und kokett – wenn wir sagen, die Flammen »züngeln« am Holz, so weist dies auf die Lüsternheit des Feuers hin. Feuer ist Zauber, Flitter und oberflächlicher Reiz – das Feuerwerk des Lebens, ein eindrucksvolles Spektakel.

Feuer kann auch wärmen. Es dient unseren Bedürfnissen als Zentrum oder Fokus der Behaglichkeit und der Nahrung. Es wärmt uns und verhindert, daß wir vor Kälte sterben. Seine hellen Flammen halten in der Nacht die Raubtiere fern und vermitteln uns das Gefühl, geschützt zu sein. Wir kochen unsere Nahrung auf Feuer, und seine Hitze bringt die feinen Geschmacksnuancen der Zutaten zur Geltung, so daß sie harmonisch miteinander verschmelzen und das Essen zu einem Fest machen. Mit der Hitze des Feuers formen wir unsere metallenen Werkzeuge und härten den Ton, aus dem unsere Trinkgefäße geformt sind. Die weiße Glut des Feuers erhellt die Dunkelheit, so daß wir lesen und andere Tätigkeiten fortsetzen können, nachdem das Licht der Sonne am Abend erloschen ist. Die Schönheit der Flammen inspiriert uns, und ihr fröhliches Knistern vermittelt Behaglichkeit. Solch ein behagliches Feuer stimmt uns heiter. Stundenlang können wir dasitzen und wie in Trance in die sich ständig wandelnden Flammenformen starren, gefesselt, entzückt und fasziniert.

Feuermachen ist eine schamanistische Kunst. Wem es gelingt, im Freien mit Feuerstein und Zunder ein Feuer zu entzünden, kommt dadurch in engeren Kontakt mit diesem Element: Eine Beziehung entwickelt sich. Wenn wir uns einmal genau umschauen, stellen wir fest, daß wir von Feuer umgeben sind – dem Feuer der Sonne, des Mondes und der Sterne, dem feurigen Leuchten der Laternenfische, Glühwürmchen und Leuchtkäfer, dem phosphoreszierenden Leuchten von vermoderndem Holz und dem Nordlicht, dem Feuer unserer Interaktion mit der Welt und dem Feuer unserer Begeisterung – es ist unser »gutes Herz«, das sich anderen öffnet. Doch Feuer muß mit Respekt behandelt werden, denn es kann außer Kontrolle geraten – wir müssen unser Begehren mit einer gewissen Leichtigkeit erfahren, andernfalls haftet es wie Napalm. Wir müssen ein wenig die Kunst des traumartigen Schaufensterbummelns erlernen: die vorbeiziehenden Phänomene bestaunen und genießen, ohne gleich danach greifen zu wollen.

Als ich eben von meiner ersten Reise in den Himalaja zurückgekehrt war, besuchte ich einen Freund. Wir saßen im Garten, nippten Orangensaft und tauschten Geschichten aus. Plötzlich sagte mein Freund, er wünsche sich, wir könnten den Tag gemeinsam auf dem Lande verbringen. Wir saßen im Garten eines Hauses, das der Universität gehörte, an der mein Freund studierte. Jemand anders, der sein Auto an diesem Tag nicht brauchte, hatte zufällig zugehört und warf uns mit einer lässigen Geste seinen Wagenschlüssel zu: »Schüttet ein bißchen Saft nach, dann könnt ihr gleich losfahren!« Im Nu waren wir zu glücklichen Besitzern eines flotten roten Zweisitzers mit Walnußarmaturenbrett und einer »spitzenmäßigen« Stereoanlage geworden. Wir machten uns sofort auf den Weg, und jeder Augenblick war ein Genuß. Es war ein wunderbarer Tag, und ein Picknickkorb voller Leckereien, eine Thermoskanne voll Kaffee und eine gekühlte Flasche Wein trugen das ihre zur guten Stimmung bei. Als wir nach unserer Rückkehr wieder im Zimmer meines Freundes saßen, bemerkte ich plötzlich, daß dieser sehr still war. Gewöhnlich ist er recht gesprächig, deshalb war mir sofort klar, daß irgend etwas nicht stimmte. Ich fragte ihn mehrmals, was los sei. Ein paarmal tat er die Frage mit einem Achselzucken ab, doch schließlich gab er zu, es mache ihm zu schaffen, daß er nicht selbst so einen Wagen besäße. Mit Feuer oder mit dem Verlangen zu spielen ist gefährlich, wenn man den Inneren Raum noch nicht erfahren hat.

Deshalb brauchen wir unseren Blick aber nicht von allem abwenden, was uns gefallt, damit wir die Schönheit und den Wert von Objekten, die nicht unser sind, gar nicht erst erkennen. Ebensowenig geht es darum, daß wir nur von dem kosten oder nur das erfahren sollten, was potentiell unser sein könnte. Nichts kann uns für immer gehören, nicht einmal das, was wir erwerben könnten. Wir brauchen der Welt nicht völlig zu entsagen. Vielmehr sollten wir versuchen, unsere Ansicht ein wenig zu entwickeln, so daß infolge der Erfahrung des Raums, den wir durch das Üben von Shi-ne entdecken, Humor das Gefüge unserer Wahrnehmung durchdringt. Wir sollten fühlen, hören, sehen, riechen und schmecken, etwas wirklich schätzen, aber anschließend auch völlig loslassen können.
Hierzu gibt es eine Geschichte über zwei Mönche. Sie stehen am Ufer eines breiten, aber ziemlich flachen Flusses, den sie soeben wie gewohnt durchwaten wollen. Da taucht plötzlich eine sehr würdevolle, äußerst vornehm gekleidete Dame auf, die zur Hochzeit eines Freundes im nächsten Dorf unterwegs ist. Auch sie durchwatet den Fluß gewöhnlich, doch an diesem Tag hat sie Angst, sie könnte im Wasser ausgleiten und müßte dann durchnäßt auf der Hochzeitsfeier erscheinen. Einer der Mönche bietet ihr an, sie durch die Furt zu tragen. Auf seinen Armen überquert sie den Fluß. Nachdem die beiden Mönche die Dame noch ein Stück begleitet haben, schlägt die Frau den Weg zu dem Dorf ein, in dem die Hochzeitsfeier stattfindet. Die beiden Mönche setzen ihren Weg fort. Der jüngere grübelt vor sich hin. Offenbar geht es um etwas sehr Ernstes. Schließlich platzt es aus ihm heraus: »Meinst du wirklich, wir Mönche sollten so engen Kontakt mit Damen haben?« Der ältere Mönch, der die Dame getragen hatte, lacht laut los und antwortet nach einer Weile: »Ich habe die Dame am Fluß zurückgelassen. Du hingegen trägst sie wohl immer noch mit dir herum.«
Die verzerrte Energie des Elements Feuer ähnelt dem Hang des Erdelements zum Materialismus. Während das verzerrte Erdelement jedoch ohne wirkliche Freude am Besitz erwirbt und hortet, kann die verzerrte Energie des Feuers mit einer

gewissen fieberhaften Freude konsumieren und später auch wieder fallenlassen. Dem Erdcharakter ist es wichtiger, sich durch ungeheure Qualitäten und Quantitäten abzusichern, damit er sich stark und undurchdringlich fühlen kann. Feuer hingegen findet seine Sicherheit im Augenblick des Einverleibens oder Verzehrens. Wenn es erst einmal bekommen hat, was es glaubte haben zu wollen, verliert sich sein Interesse jedoch schnell wieder.

Die Konfrontation mit dem Inneren Raum hat in diesem Fall die Angst erzeugt, der eigenen Isolation ins Auge blicken zu müssen. Wir fühlen uns sehr einsam in der Welt und brauchen das Gefühl, zu besitzen und besessen zu werden, um unser Isolationsgefühl zu überdecken. Die gedankliche Vorwegnahme späteren Besitzens, das Ersinnen von Strategien, die uns zum Besitzer eines Wunschobjektes machen sollen, sind wesentliche Bestandteile unserer Energie – Beziehungen zu Menschen sehen wir auf eine ähnlich plumpe Weise. Wir leben ganz für den Augenblick, in dem wir endlich das Bargeld über die Theke schieben können, und liebkosen dann zärtlich die neue Schallplatte, das neue Auto oder was auch immer. Die ekstatische Vereinigung mit dem Objekt unseres Verlangens ist ein äußerlicher Versuch, unsere Isolation zu überwinden. Doch wie oft wir das Ziel unseres Verlangens auch erreichen mögen, nie gelingt es uns, unsere innere Leere auszufüllen. Das Bedrohliche des Inneren Raums ist auf diese Weise niemals aufzulösen – wir könnten die gesamte Welt der Phänomene hineinschütten, und alles würde einfach darin verschwinden. Wir müssen auf nicht-begrifflicher Ebene Einblick in unser Verlangen gewinnen und seine grenzenlose Energie befreien.

Die verzerrte Energie des Feuers entpersönlicht unsere Beziehung zu allem. Wir sind unfähig, eine echte Beziehung einzugehen, denn wir benutzen alle Mitmenschen nur dazu, unsere furchtbare Einsamkeit und Isolation zu vertuschen. Jeder soll uns mögen. Unser Partner soll uns mehr lieben als sein eigenes Leben. Wir sind so anhänglich und besitzergreifend, daß wir immer neue Zeichen der Loyalität verlangen und seine

Liebe und Verbundenheit ständig neuen Prüfungen unterwerfen. Bei neuen Freunden schauen wir so oft vorbei, daß sie sich durch unsere ständige Gegenwart und unsere ausgiebigen Besuche schon bald eingeengt fühlen. Wir verlangen zuviel von anderen Menschen. Manchmal erscheinen wir als sehr großzügig, doch ist das keine echte Großzügigkeit, sondern nur der Versuch, uns Freundschaften zu erkaufen, damit wir uns nie wieder einsam fühlen müssen.
Das befreite Energiefeld des Feuerelements hat die unterscheidende Qualität des Feuers, die sich in der Weise äußert, wie das Feuer uns hilft. Bei der Edelmetallverarbeitung wird mit Hilfe eines Sauerstoffazetylengebläses eine nadeldünne Flamme erzeugt, die sich genau auf einen bestimmten Punkt richten läßt. In der Mikrochirurgie ermöglicht der Laserstrahl eine unglaubliche Präzision.
Wenn wir den Inneren Raum kennengelernt haben, entdekken wir, daß unsere Einsamkeit in Wirklichkeit *Alleinsein* ist, ein positives, ungehindertes, unabhängiges *Nicht-Bezugnehmen.* Wir verspüren nicht mehr das glühende Verlangen zu greifen und etwas für uns alleine besitzen zu wollen – unser gesamtes Erleben wird raumhafter. Wir nehmen die Isolation, Verletzlichkeit und Unsicherheit anderer wahr – das Feuer der Leidenschaft wird zur *Leidenschaft jenseits der Leidenschaft,* was wir »Mitgefühl« oder reine Angemessenheit nennen. Blindes Greifen wird umgewandelt und zum reinen Energiefeld des unterscheidenden Gewahrseins befreit.
Sobald wir aufhören, von der »zentralen Wunscherfüllungsmaschinerie« des Zerstreut-Seins aus zu operieren, dehnen wir unser Sein grenzenlos auf alle Wesen aus. Wir erkennen stets sofort, was benötigt wird und wo es benötigt wird. Wenn Menschen mit ihren Problemen zu uns kommen, benutzen wir die Situation nicht mehr dazu, »gebraucht zu werden«. Wir müssen andere nicht mehr von uns abhängig machen, sondern können sie auf konstruktive Weise bei ihrer Selbstentdeckung unterstützen. Wir geben weder zu wenig noch zuviel, denn wir lassen uns nicht von unseren eigenen Ängsten und Sorgen leiten. Es besteht ein großer Unterschied zwi-

schen *echtem Mitgefühl* oder reiner Angemessenheit und jenem »idiotischen Mitgefühl«, aufgrund dessen wir alten Leuten auch dann über die Straße helfen, wenn sie dies gar nicht wollen.

Unterscheidendes Gewahrsein bedeutet, daß wir mit uns selbst in Einklang sind. Wir können dann zuhören, ohne daß uns das Geschnatter unseres inneren Geschwätzes in die Quere kommt.

Wenn wir erkannt haben, daß wir uns nichts einzuverleiben brauchen, um uns unserer Existenz zu versichern, wird uns auch klar, daß wir schon alles besitzen. Um nichts anderes geht es als um die Erfüllung unserer »Liebesaffäre« mit der Leere und der Welt der Phänomene. Uns fehlen die Bezugspunkte als Objekte des Verlangens, deshalb öffnet sich der Raum für uns, und wir können die Spontaneität seines Spiels genießen, ohne uns isoliert zu fühlen. Wir brennen vom Weisheitsfeuer der Zentrumslosigkeit, und wir können unsere Realisation auf alle Menschen ausdehnen.

Das tibetische Symbol für dieses Energiefeld ist Pema, der Lotus. Der Lotus spielt in den Systemen des tibetischen Tantra eine wichtige Rolle. Alle Bewußtheits-Wesen, die bei der Praxis der Visualisation verwendet werden, sitzen auf einem Lotusthron. Padmasambhava (»Der aus dem Lotus Geborene«) kristallisierte die Essenz dieses Symbols in seinem Sein und in seinem Leben, und durch seine Todlosigkeit hindurch setzt sie sich in der Energie seiner vollendeten Übermittlungslinie fort. Der Lotus wächst aus dem dunklen Morast und Schlamm verschmutzten Wassers ins gleißende Licht der Sonne empor. Wenn er sich öffnet, sind seine Blütenblätter weiß und rein. Sie waren rein vor jedem Anbeginn, und sie bleiben rein. Ihre Reinheit überlebt die Illusion der Befreiung vom Schleim der Dunkelheit und die der Transmutation zu klarem Licht.

Die Farbe Rot ist charakterisiert durch ein warmes, behagliches Glühen. Sie erinnert uns an junge, rosige Wangen und an alle energiesprühenden, kraftvollen Aspekte des Lebens. Sie kann jedoch auch zum verzweifelten Versuch werden, Isolation zu vertuschen, wie der englische Ausdruck »painting the

town red« so treffend veranschaulicht. Die Hauptrichtung dieses Energiefeldes ist der Westen, wo die Sonne untergeht und in einem malerischen Schauspiel ein letztes Mal ihre ganze Farbenpracht entfaltet. Vielleicht sitzen wir an einem schönen stillen Fleckchen in der Natur – ein sanft geschwungener grüner Hang bietet uns einen bequemen Sitzplatz, und unser Rücken ruht an einem sonnengewärmten Felsen. Das Meer liebkost den feinen goldenen Sand, der sich meilenweit vor uns erstreckt, gesäumt von kleinen Buchten und großen, freistehenden Felsformationen von der einfachen Perfektion eines japanischen Gartens. Der Schrei der Möwen vermischt sich mit dem raunenden Plätschern des Meeres, und eine leichte Brise mildert die Hitze des Tages und erfrischt uns. Wir fühlen uns belebt, sprühend vor Energie und entspannt – alles ist genauso, wie es sein sollte. Viele kleine Blumen blühen, und der Wind verbreitet ihren Duft. Dichte Büschel von Kamille polstern unseren Sitz. Die Sonne leuchtet in wunderbarem, tiefem Rot – ein leuchtender Diskus, dessen funkelnde und glitzernde Spiegelungen auf den unzähligen Wellen uns entzücken. Alle Farben um uns sind weich und samtig – wir schwelgen in der vollendeten, gastlichen Einfachheit unserer Umgebung. Wir fühlen uns jung, gesund und weit – der unermeßliche blaue Himmel hat sich uns geöffnet.
Wir würden dieses wundervolle Erblühen der Landschaft gerne mit anderen teilen. Uns kommt gar nicht in den Sinn, dieses herrliche Schauspiel ganz für uns haben und alleine anschauen zu wollen – dazu ist das, was sich uns darbietet, viel zu poetisch. Die Vorstellung, ein priviligiertes »Einmannpublikum« zu sein, übt keinerlei Anziehungskraft auf uns aus. Ganz natürlich entsteht das Gefühl, daß wir dies mit anderen teilen wollen. Ein »volles Haus« wäre passend, nicht nur wegen der überragenden Leistung der Schauspielerinnen (der Himmelstänzerinnen), sondern auch, damit alle Zuschauer gemeinsam ihre Begeisterung feiern können. Auch wenn niemand bei uns ist, dehnt sich unser Gefühl der Wärme und des »guten Herzens« in einer Art *natürlichem Reflex* auf alle Menschen aus.

Dieses Energiefeld steht mit dem Frühling in Verbindung, mit Frische und Vitalität – dem charmanten Spiel junger Lebewesen, der Freude am Umherhüpfen und an Luftsprüngen, ganz gleich, wie alt man ist. Vor Lebenskraft strotzende Knospen zieren die kahlen Äste der Bäume. Einige brechen schon jetzt zu Blatt und Blüte auf. In den Wäldern zeigen sich die ersten Weidenkätzchen und Glockenblumen, und zarte grüne Schößlinge sprießen dem Licht entgegen. Fröhlicher Leichtsinn und Leichtigkeit liegen in der Luft. Um *echte Leichtigkeit* zu entwickeln, müssen wir *die Ernsthaftigkeit durchschneiden.* Wir nehmen uns selbst so ernst, daß unsere spirituelle Suche starke Ähnlichkeit hat mit zuviel Porridge – wir können das ganze schreckliche Zeugs unmöglich aufessen; also setzt es sich in unserem Geist fest und wird alt und hart; wenn wir es dann schließlich unseren Freunden anbieten, beißen diese sich die Zähne daran aus. Manche Leute werden so ernst, daß man meinen könnte, sie hätten sich in Porridge gewälzt. Ihr Haus ist voll davon, sie schmieren es an die Wände, ihre Sprache quillt davon über, und außerdem versuchen sie auch noch, andere damit vollzustopfen. Wenn es uns gelingt, die Ernsthaftigkeit zu durchschneiden, spüren wir wieder den Sonnenschein und den feinen nährenden Regen, der die Welt erfrischt und den Himmel mit magischen Regenbögen schmückt.

Grün – Jang (lJang)

10
Das Energiefeld der grünen Himmelstänzerin

Die Farbe Grün ist mit dem Element Luft verbunden, mit der verzerrten Energie der Paranoia und mit der befreiten Energie selbsterfüllender Aktivität.

Luft bewegt sich in alle Richtungen und kommt dabei mit allem in Berührung. Sie untersucht jede Oberfläche, jeden Winkel und jeden Spalt. Man könnte meinen, daß sie unentwegt sucht, aber nie findet – sie drängt ständig weiter, immer auf der Suche und nicht in der Lage, auszuruhen. Luft kann eine leichte Brise oder ein starker Wind sein, machtvoll und zerstörerisch wie ein Orkan, der alles vernichtet, was sich ihm in den Weg stellt.

Die kreisende Energie des Wirbelwindes umfaßt die Eigenschaften der Paranoia – sie jagt ständig hinter sich selbst her und hinterläßt nur Verwüstung, wie wenn wir wild um uns schlagen und andere Menschen in unsere Paranoia hineinziehen. Wegen der Kreisförmigkeit dieser Energie sind wir gezwungen, uns immer wieder im Kreis zu bewegen. Wir wollen verreisen, können aber unseren Paß nicht finden; also durchsuchen wir drei- oder viermal die gleiche Schublade, bevor wir ihn schließlich genau dort finden.

Bei der verzerrten Energie des Elements Luft geht es im wesentlichen um das »Boden-Verlieren«. Wir versichern uns unserer Existenz anhand unseres Territoriums. Wir haben das Gefühl, daß »unser« Territorium angegriffen wird und daß wir es durch permanenten heißen und kalten Krieg verteidigen müßten. Auf die Konfrontation mit unserem Inneren Raum reagieren wir mit Angst vor der Vernichtung. Der Raum scheint einen so absoluten, endgültigen Charakter zu haben, daß er uns in die völlige Vernichtung treiben könnte. Wir fürchten den Raum wie eine militante nihilistische Macht – wie einen »erbarmungslosen Schnitter«, der uns mit seinem grausigen knöchernen Golfschläger in ein »schwarzes Loch« befördern will. Raum bedeutet für uns Tod, und der Tod ist für uns der große, endgültige Schlußpunkt im Himmel. Aus diesem Konzept entwickelt sich ein Zustand hyperaktiver Feigheit, in dem wir uns schon vor der geringsten Andeutung von sensorischer Deprivation fürchten. In der Welt des Sehens haben wir Angst vor Dunkelheit. In der Welt des Hörens haben wir Angst vor Stille. So drückt sich im Bereich der sinnlichen Wahrnehmung unsere Angst vor Territoriumsverlusten aus.

Die Charakteristik dieses Energiefeldes hat eine gewisse Ähnlichkeit mit dem Isolationsgefühl des Elements Feuer, doch besteht zwischen beiden ein wesentlicher Unterschied. Im Fall des Feuers haben wir das Gefühl, kein Territorium zu haben – wir identifizieren uns mit unserer Isolation. Im Fall der Luft identifizieren wir uns so stark mit unserem Territorium, daß wir glauben, wenn unser Territorium nicht mehr existierte, würden auch wir aufhören zu existieren. Wir fürchten, zu nichts zermalmt zu werden, und statt nach Neuem zu greifen, versuchen wir zu erhalten, was wir haben und was wir zu sein glauben.

Wir fühlen uns bedroht. Eine Verschwörung bekannter und unbekannter Gruppierungen scheint uns allmählich zugrunde richten und auslöschen zu wollen. Unser Leben ist zu einem einzigen großen Selbstschutzmechanismus geworden. Wir haben unser Identitätsgefühl nach außen projiziert, und jeder Übergriff auf unser Territorium – etwa eine Schmähung unseres Fußballteams oder unserer politischen Partei – ist für uns eine persönliche Beleidigung. Schon wenn jemand uns widerspricht, empfinden wir das als starken Angriff. Das Wort »Territorium« ist hier sowohl im physischen wie auch im psychischen Sinne gemeint; es bezieht sich auf die Unfähigkeit, das Abstrakte vom Konkreten zu unterscheiden. Im Extremfall fühlen wir uns sogar schon ernsthaft bedroht, wenn jemand sagt, er möge unsere Lieblingsfarbe nicht. Die Bedrohungen, die von allen Seiten auf uns einzuprasseln scheinen, halten uns immer auf Trab – wir sind ständig bis zum äußersten gereizt. Wir haben das Gefühl, wir müßten fortwährend auf der Hut sein, um potentielle Gegner, die Listen ersinnen, um uns ins Verderben zu stürzen, sofort zu erkennen. Irgend etwas auf der Welt scheinen wir nie richtig zu begreifen. Offenbar geht da etwas sehr Wichtiges vor, das wir nie ganz verstehen. Die anderen Menschen haben Geheimnisse, die sie uns nicht offenbaren, und sie werfen einander wissende Blicke zu, wenn sie glauben, wir sähen es nicht. Wenn wir sie dabei ertappen, drehen sie sich um und lächeln uns an, was uns zur Raserei bringt. Sie scheinen sich Ihrer Sache ziemlich sicher zu sein, denn offensichtlich macht es ihnen nicht einmal etwas aus, daß wir ihnen auf die Schliche gekommen sind. All die anderen Menschen wirken so stark und selbstsicher, und wir fühlen uns so ungeschützt vor Angriffen. Wir verdächtigen sogar unsere nächsten Freunde – wissen sie, daß wir wissen, oder erraten sie es? Wissen sie, daß wir wissen, daß sie wissen, oder haben sie zumindest den Verdacht? Wenn wir uns mit anderen unterhalten, merken wir irgendwie, daß sie nicht genau das sagen, was sie meinen, und daß sie uns irgendwelche Informationen vorenthalten. Wir stellen Fragen, erhalten jedoch keine oder nur vieldeutige Antworten, die alles und nichts bedeuten können. In harmlosen Bemerkungen sehen wir Doppeldeutigkeiten, etwa wenn jemand kurz hereingeschneit kommt, um »Hallo« zu sagen. Wir quetschen unsere Freunde aus, um von ihnen zu erfahren, was über uns geredet wird, und wenn wir keine Antwort erhalten, glauben wir, daß etwas Unheilvolles im Gange ist und daß sie uns bewußt darüber im unklaren lassen wollen.

Wir werden immer geschickter in unserer weltumspannenden Analyse, durchleuchten jedes Wort, jede Nuance und jede Geste auf versteckte Bedeutungen, die wir in unsere Überlegungen mit einbeziehen müssen. Wir entwickeln eine geradezu lächerliche geistige Beweglichkeit, werden in absurder Weise wachsam – allzeit bereit, unerwünschte Eindringlinge zu vertreiben. Doch dieses Höchstmaß an Wachsamkeit ist nichts weiter als ein Spannungszustand, ein Zustand innerer Erregung – wir sind perfekte psychotische Athleten.

Eifersüchtig blicken wir auf die mutmaßliche Sicherheit unserer Mitmenschen. Wir beneiden sie um ihre ausgeklügelten Sicherheitssysteme, die es ihnen ermöglichen, mit so unglaublicher Leichtigkeit und so großem Selbstvertrauen zu agieren. Wenn wir doch nur auch eine solche Sicherheit erzielen könnten – dann hätten wir es endlich »geschafft«. Aber das ist nicht möglich – das Geheimnis ist streng bewacht, und wahrscheinlich ist jeder in unserer Umgebung Teil des geheimen Sicherheitsnetzes, das uns kontrolliert.

Mit aller verfügbaren Energie versuchen wir die Motivationen unserer Mitmenschen zu ergründen. Wir begegnen ihnen mit Argwohn und fragen uns, warum ihnen wohl so viel daran liegt, sich mit uns anzufreunden. Vielleicht sollen wir uns in einem falschen Sicherheitsgefühl wiegen, damit sie uns ausnutzen, unsere Identität untergraben oder uns unsere Ideen stehlen können. Warum sonst sollten sie uns helfen wollen? Irgendein verdecktes Motiv muß dahinterstecken, irgendein Komplott. Wir verschwenden unsere körperlichen und geistigen Kräfte darauf, dies alles zu ergründen, kommen aber nie zu sicheren Schlüssen, sondern immer nur zu weiteren Fragen. Wir sind zu Charakteren der Welt Franz Kafkas geworden.

Im Jahre 1984, das durch George Orwell etwas in Verruf geraten ist, sah ich irgendwo einen interessanten Button mit der Aufschrift: »Wenn du nicht paranoid bist, heißt das noch lange nicht, daß sie *nicht* hinter dir her sind!« Nun möchte ich keineswegs den Eindruck erwecken, daß der Pfad der Mystik eine Art naiver Vogel-Strauß-Mentalität zum Ziel hat. Wenn wir völlig arglos werden, heißt das nur, daß wir den Kontakt mit der Realität der Welt, in der wir leben, verloren haben und daß wir versuchen, unsere Fähigkeiten in Zuckerwatte einzuwickeln. Wir müssen die Empfindung der Paranoia im Jetzt beobachten, denn letztlich schützt uns der paranoide Zustand nicht automatisch vor denen, die *tatsächlich* hinter uns her sind.

Unsere Energien sind zersplittert, deshalb können wir unsere natürliche Kreativität nicht nutzen. Wir vermögen weder unser eigenes Leben noch das Leben anderer zu bereichern, weil wir unsere gesamte Energie zur Erhaltung unseres Territoriums und zum Schutz unseres »Straßen-Images« verbrauchen. Wir erschöpfen uns mit unserer unnachsichtigen Art zu denken, die ironischerweise unsere Nervosität noch verstärkt, indem sie unser Gefühl der Verletzlichkeit vergrößert. Paranoia funktioniert wie eine sich selbst erfüllende Prophezeiung. Wir glauben, niemand wolle uns besuchen, und wenn uns dann doch jemand einlädt, sorgen wir schon dafür, daß es nie zu einem Treffen kommt. Nach einer Weile lädt uns tatsächlich niemand mehr ein, und damit haben wir endlich auch einen realen Grund, paranoid zu sein. Dieser selbsterfüllende Mechanismus der Paranoia bestätigt uns weiter darin, daß unsere Ängste begründet sind, und so nimmt der ganze Prozeß allmählich absurde Ausmaße an. Wenn sich unsere Energie in einem so verwirrten Zustand befindet, haben wir keine Möglichkeit, unser Potential zu nutzen. Wir können eine vermutete Bedrohung nicht einmal richtig untersuchen, denn wir müssen ja auch die vielen anderen Bedrohungen im Auge behalten, ganz abgesehen von den ständig neu hinzukommenden. Wir leben in der Panik, daß irgend jemand in einem Augenblick der Unaufmerksamkeit unsere Strom- oder Telefonleitung zerschneiden könnte oder daß doch jemand etwas über jene Nacht herausfinden könnte, in der wir was auch immer getan haben. Angst und Spannung haben uns fest im Griff – wir sind so angespannt wie die Sehne eines Bogens und warten nur darauf, die Pfeile des Selbstschutzinstinktes abzuschießen. Doch da unsere Konzentration zersplittert ist, verfehlen unsere Pfeile regelmäßig ihr Ziel, oder wir verpfuschen die Sache auf andere Weise – etwa indem uns der Pfeil ausrutscht und einen Daumennagel abreißt.

Natürlich ist das ein Extremfall. Der Charakter des hier beschriebenen Energiefeldes reicht von Menschen, die sich ständig Sorgen machen, bis hin zu den paranoid Schizophrenen. Diese Energie kann sich auf vielerlei Art manifestieren, je nach dem Einfluß der übrigen Energien. In der »Welt der Spiritualität« flattern wir von einem Lehrer zum anderen, vergleichen und wägen ab, ohne uns jemals ernsthaft auf einen Übungsweg einzulassen. Wir suchen etwas, das ganz genau passend für uns ist; es muß unserem streng intellektuellen Ansatz absolut standhalten. Deshalb stellen wir permanent Fragen und zweifeln dann die Antworten an. Unsere Fragen haben wenig oder nichts mit echter Erfahrung zu tun, sie entspringen ausschließlich unserem Whirl-Pool-Intellekt. Er erzeugt eine so beherrschende Spannung, daß das, was wir für unsere Emotionen halten, in Wirklichkeit nur Spiegelungen unserer despotischen Rationalität sind: Wenn wir behaupten, unsere Gefühle auszudrücken, beschreiben wir meist nur, wie wir unser emotionales Sein durch den Prozeß des Intellekts aufwühlen. Wir geraten in starke Verwirrung, und es gelingt uns nicht, uns wieder daraus zu befreien. Wir sind unfähig, irgend jemandem zu vertrauen; deshalb können wir uns auch selbst kaum genügend vertrauen, um uns verbindlich für einen Pfad zu entscheiden.

Das befreite Energiefeld des Elements Luft ist der starke, beständige Wind, der den Schiffen eine gute Fahrt ermöglicht – im Gegensatz zum zerstörerischen Tornado. Es ist der frische Wind in unserem Haar, der uns aus unserer Lethargie reißt – wir haben das Gefühl, alles könnte uns gelingen. Die Entdekkung des Inneren Raums bewirkt, daß wir unsere Ängste loslassen und diese sich in die Leere hinein auflösen können. Wir erkennen, daß unsere Verdächtigungen und Sorgen grundlos waren. Uns dämmert, daß unsere Paranoia, der Teufelskreis unseres Intellekts, uns nur davon abhalten sollte, uns aufzulösen. Wenn wir ein gewisses Maß an Klarheit erreicht haben, erkennen wir, daß dieses *Verschwinden* das *Berufsrisiko des Seins* ist – wir *verschwinden* ständig und *tauchen anschließend wieder auf*. Wir springen ständig aus der reinen Leere in das Jetzt.

Ich erinnere mich gut an mein intensives Angstgefühl, als ich zum erstenmal von einer niedrigen Klippe ins Meer tauchte. Ich hatte mich am Strand gesonnt und beobachtet, wie jemand von der Klippe gesprungen war. So hatte ich selbst Lust bekommen zu springen. Ich machte mich auf den Weg zur Absprungstelle, doch als ich dort angekommen war, dachte ich: »Auf gar keinen Fall springst du hier runter!« Ich sah blaßgrüne Felsen unter der Wasseroberfläche und erkannte, daß ich etwas seitlich davon ins Wasser springen mußte. Bei der Vorstellung, auf diesen von Entenmuscheln überwachsenen Felsen aufzuprallen, wand ich mich förmlich. Selbst wenn ich den Mut schließlich aufbrächte, könnte ich ausrutschen, irgendwo mit dem Fuß hängenbleiben und dann über den Klippenrand rutschen. Das Ganze wurde zu einem echten Problem, denn ich wollte den Sprung wirklich wagen – ich wollte einfach zu den Leuten gehören, die so etwas tun. Eine Zeitlang steigerte ich mich in dieses eigensinnige Gefühl der Unfähigkeit hinein. Dann bemerkte ich plötzlich irgendwo ein paar Marienkäfer, eine Sorte, die ich vorher noch nie gesehen hatte: einen gelben, einige kleine orangefarbene und einen riesigen roten. Ich beobachtete den großen roten Käfer eine Weile. Darüber vergaß ich den Sprung völlig und ebenso das gräßliche Bild, das ich mir ausgemalt hatte: mein Körper zu blutigen Stücken zerrissen auf dem Felsen, von der Rettungsbrigade aus dem Wasser gefischt.

Der große Rote machte sich genüßlich über grüne Blattläuse her, und es war faszinierend, seine Bewegungen dabei zu beobachten. Schließlich flog er fort. Ich stand auf, nahm einen langen Anlauf und segelte vom Klippenrand in die Tiefe. Plötzlich war ich im Wasser, sank zum Grund und kam anschließend langsam wieder an die Oberfläche. Meine Schädeldecke kribbelte ein wenig, aber es war ein großartiges Gefühl – ich war voller wortloser Dankbarkeit für das – was auch immer es sein mochte –, was es mir ermöglicht hatte, den Sprung zu wagen. Jenes *Was-auch-immer* war der Raum, den ich beim Beobachten der winzigen Bewegungen des Marienkäfers erfahren hatte, und der Entschluß zu springen war der erste Gedanke, der in diesem Raum entstanden war. Hätte ich ihn in Frage gestellt, so hätte ich zum Strand zurückgehen müssen – jetzt schwamm ich zurück.

Zu lernen, dem Inneren Raum zu vertrauen, dem Raum zwischen »bekannten« Erfahrungsbereichen, ist die Basis allen Wachsens – ohne dies stagnieren wir. Wir müssen bei jedem Einschlafen das Vertrauen haben, daß wir wieder aufwachen werden. Vertrauen ist lebenswichtig, und Vertrauen in das Raumhafte unserer wahren Natur ist eine Voraussetzung für das Loslassen der Paranoia. Sobald sich unsere Paranoia in den Raum auflöst, ist unsere Energie befreit und kann frei fließen. Die Fähigkeit, direkt und ohne Hemmung zu handeln, entsteht durch die Realisation des Inneren Raums. Wir können uns mit vollkommener Hingabe in jede Richtung bewegen, ohne zu den zweifelhaften Vorteilen militärischen Taktierens Zuflucht nehmen zu müssen. Wir brauchen uns nicht mit den Finessen von Nachhutgefechten zu plagen, denn es gibt keine Nachschublinien, die verteidigt werden müssen. Wir befinden uns nicht auf feindlichem Territorium, deshalb benötigen unsere Truppen weder Verpflegungs- noch Munitionsnachschub – sie genießen die Freuden des Landlebens. Wir brauchen uns nicht mehr um die Planung von Angriffen und um die Stärkung unserer Abwehr zu sorgen, denn es gibt keinen Gegner, der sich gegen uns in Schützengräben verschanzen würde. Die Leute, die wir für unsere Feinde hielten, unterscheiden sich gar nicht so sehr von uns – sie haben vielleicht andere Ideen, andere Lieder, andere Eßgewohnheiten oder eine andere Sprache. Wir entdecken, daß die Welt etwas freundlicher ist, als wir bisher angenommen hatten. Und nicht nur das, wir erkennen auch, daß Konflikte nichts weiter sind als die Art und Weise, wie Menschen auf den Schmerz anderer Menschen reagieren. Die Auflösung der Paranoia ist eine ungeheure Erleichterung. Wir brauchen keine Strategien mehr zu entwickeln – der Verdacht der Meuterei in den eigenen Reihen fällt weg, und Krieg gibt es auch nicht mehr. Die Paranoia erstickt uns nicht mehr, nichts braucht überwacht zu werden, und auch das Bedürfnis verschwindet, unser Territorium zu verteidigen, um uns vor der Vernichtung zu bewahren. Es gibt nichts mehr zu bewachen, und es gibt auch kein dauerhaftes, abgetrenntes, festes oder beständiges »Ich« mehr.

Wir besitzen die Weisheit der selbsterfüllenden Aktivität und

sind frei von allen Behinderungen. Wir können befrieden, was befriedet werden muß, wir können bereichern, was bereichert werden muß, wir können kontrollieren, was kontrolliert werden muß, und wir können vernichten, was vernichtet werden muß. Dies sind die vier Prinzipien, bekannt als die Weisheits-Aktivität der Himmelstänzerinnen – der energetische Aspekt der Erleuchtung. Unsere Handlungen erfüllen sich selbst, weil wir uns nicht auf Projekte einlassen, die auf der Perspektive des Zerstreut-Seins gründen. Unser Handeln ist reine Angemessenheit, und sein Erfolg beziehungsweise seine Vollendung ist schon in seinen Anfängen implizit enthalten.
Handlungen, die spontan dieser Weisheitsenergie entspringen, lassen sich aus der Perspektive des Konditioniertseins nicht immer leicht verstehen. Wenn wir aus unserem Erleuchtetsein heraus handeln, könnten wir beispielsweise einen vielgeliebten Glauben zerstören, der einem gläubigen Anhänger eine Quelle der Inspiration war. Wir könnten bei einem anderen Menschen eine Qualität verstärken, die dieser selbst als unwichtig für sein spirituelles Wachstum ansieht. Doch hier geht es nicht um eine »gewöhnliche Perspektive«, und das Geschehen kann nur von der Realisation des Inneren Raums her verstanden werden, in dem alle Aktivität präsent, direkt und selbsterfüllend ist. Drugpa Künleg, der berühmte tibetische Meister der verrückten Weisheit, war ein umherziehender Ngakpa. Er war sowohl wegen seiner Erleuchtung wie auch wegen seiner Unverschämtheiten bekannt. Einmal rannte er in ein Dorf, in dem ein bestimmter Geshe einen Vortrag über Logik hielt. (Der Titel »Geshe« bezeichnet eine Art Superdoktorat. Er wird Mönchen verliehen, die ein jahrelanges akademisches Studium in den Bereichen Sittenlehre, Philosophie und Psychologie absolviert haben. Erst nachdem sie in tagelangen, erschöpfenden Debatten streng geprüft worden sind, wird ihnen dieser Titel verliehen. Deshalb sind Geshes in den mönchischen Traditionen Tibets hoch angesehen.) Vor dem Kloster war ein großer Baldachin aus Tuch aufgestellt, der einem offenen Zelt ähnelte. Darin fand die Unterweisung statt. Drugpa Künleg, der wie immer von seinem Hund begleitet

wurde, jagte gerade ein Reh, und ausgerechnet vor dem Baldachin erlegte er es mit einem Pfeil. Drugpa Künleg enthäutete das Reh geschickt, briet es am Spieß und ließ sich das Fleisch schmecken. Die Reste gab er seinem Hund. Dann spülte er mit einer Flasche Chang nach (dem tibetischen Gerstenbier, das er oft trank) und lehnte sich anschließend zurück, um sich in der Sonne auszuruhen. Nachdem der Geshe seinen Vortrag beendet hatte, ließ Drugpa Künleg einen lauten Rülpser erschallen und grinste dann die ohnehin schon verärgerten Mönche an, die sich ihm näherten. Die Mönche waren schockiert, und einer von ihnen fragte ihn in aggressivem Ton, was ihm nur einfiele, ihre wichtigen Studien durch jenes grausame Schauspiel zu stören. Der Ngakpa antwortete immer noch grinsend, er sei gekommen, um ihnen die Früchte dessen zu zeigen, was sie zu lernen versuchten. Mit diesen Worten warf er die Haut des Rehs auf die zuvor sorgfältig zusammengelegten Knochen. Auf ein Fingerschnippen hin sprang das Reh auf, als sei nichts geschehen, und verschwand im Wald.

Dann erklärte Drugpa Künleg, Gelehrsamkeit sei eine Sache, die Kenntnis der Natur des Geistes eine andere. Die Mönche waren völlig sprachlos, nicht nur dessen wegen, was der Ngakpa gesagt und getan hatte. Mindestens so verwirrend für sie war, daß der große Geshe ebenso herzlich lachte wie Drugpa Künleg selbst. Die beiden waren nämlich gute Freunde, und dem Geshe war es gar nicht unrecht, daß der verrückte Ngakpa von Zeit zu Zeit auftauchte und solche Tricks vorführte. Drugpa Künleg verbrachte den größten Teil seines Lebens damit, die etablierten Strukturen zu erschüttern, doch überall, wo er die überkommenen Vorstellungen ein wenig ins Wanken gebracht hatte, erinnerte man sich seiner später mit großer Ehrerbietung.

Verrückte Weisheit ist mit dem Bewußtheitswesen Dorje-Tröllo (Der Donnerkeil des schlaffen Magens) verbunden, der den Himmelstiger Ati-mueh reitet, ein Bewußtheitswesen der Bonpo-Tradition. Dorje-Tröllo verkörpert das, was in manchen Überlieferungen, insbesondere in der Dzogchen-Tradition, als die »Drei furchtbaren Verwünschungen« bekannt ist:

Was immer geschehen muß – möge es geschehen! Welchen Weg es auch einschlägt – möge es diesen Weg einschlagen! Es gibt keinen Zweck! Das alles läuft darauf hinaus, »positiv jede Situation so zu wollen, wie sie ist«. Diese Haltung kennzeichnet einen sehr fortgeschrittenen Entwicklungszustand, und die meisten Menschen haben große Schwierigkeiten damit, doch als *Richtungsweiser* kann es uns beim Üben inspirieren.
Die verrückte Weisheit aller Lehrer übermittelt uns gewöhnlich wichtige Botschaften, vorausgesetzt, wir sind offen, dies wahrzunehmen. Dazu fällt mir eine schöne Geschichte über Milarepa ein, die ich hier gerne als Erläuterung erzählen möchte – und auch einfach deshalb, weil ich sie so gerne erzähle. Milarepa war ein Ngakpa, der den größten Teil seines Lebens in den Bergen Südtibets verbrachte. Er war Schüler eines Bauern namens Marpa, der ihm seine Herzensunterweisung gegeben und ihn dann fortgeschickt hatte, damit er in der Einsamkeit der Berge üben sollte. Auch Marpa war ein Ngakpa, ein verheirateter Lama, der seine Unterweisungen wiederum von Naropa erhalten hatte, einem umherziehenden tantrischen Meister. Die Geschichte von Milarepas Leben ist sogar außerhalb Tibets bekannt, denn er gilt als einer der größten tibetischen Meister.
Als Milarepa eines Tages vor seiner Meditationshöhle saß, besuchte ihn seine Schwester. Sie hatte einen langen Weg zurückgelegt, um ihm etwas zu essen und ein paar andere Dinge zu bringen, die das Leben ein wenig angenehmer machen. Als sie ihren Bruder nackt sah, schämte sie sich und tadelte ihn, weil er nicht gut für sich selbst sorge und weil ihm offenbar jeglicher Sinn für Anstand abhanden gekommen sei. Sie ging fort und kaufte ein Stück Tuch, damit ihr Bruder sich damit bedecken könnte. Ein paar Tage später kehrte sie mit dem Tuch zurück. Milarepa willigte ein, seine anstößigen Körperteile von nun an zu bedecken. Hocherfreut darüber, daß ihr Bruder fortan schicklich gekleidet sein würde, wenn andere Besucher ihre Gaben brächten, trat die Schwester eine kurze Wallfahrt an; danach wollte sie sich von ihrem Bruder verabschieden. Als sie zurückkehrte, traf sie ein noch größerer Schock als zu-

vor. Milarepa hatte mit dem Tuch jeden auch nur annähernd penisförmigen Körperteil in eine sorgfältig genähte Röhre gehüllt, sogar die Nase. Er bot einen äußerst bizarren Anblick. Als sie ihn fragte, was dies zu bedeuten habe, gab er ihr eine ebenso bizarre Antwort. Da sie etwas gegen den unbedeckten Penis einzuwenden gehabt hätte, habe er sich gedacht, dies gelte auch für alle ähnlich geformten Körperteile. Also habe er alles bedeckt, was an diese Form erinnere: Penis, Finger, Zehen und Nase. Daraufhin brach seine Schwester zusammen, weinte und bat ihren Bruder um Vergebung. Ihr war nicht klar gewesen, daß er völlig außerhalb jeder Verstrickung in die unsinnigen Kriterien des alltäglichen Lebens stand und daß sie selbst es war, die nicht richtig verstanden hatte, worum es beim Beschreiten des mystischen Pfades wirklich ging. Daraufhin gab Milarepa ihr eine wundervolle Belehrung über die Übung des Tumo (der mystischen Hitze), und sie zog sich ebenfalls in die Abgeschiedenheit zurück, um eine vollendete Repa zu werden. Das Wort Repa bedeutet Baumwollträger. Dieser Name wird denjenigen verliehen, die in der Entwicklung von Tumo fortgeschritten sind, jener psychischen Hitze, die es den Betreffenden ermöglicht, sich nackt oder nur in dünne weiße Baumwolle gekleidet bei Temperaturen unter Null Grad im Freien aufzuhalten. Bei den meisten berühmten Schülern Milarepas war die Bezeichnung Repa ein Bestandteil des Namens. Gampopa, der Vater der Kagyupa-Schule, galt als Milarepas Herzenssohn oder als seine Sonne, Rechungpa (»kleiner Repa«) galt als sein Herzenssohn oder als sein Mond.
Das tibetische Symbol für dieses Energiefeld ist das Donnerkeil- oder Blitzstrahl-Schwert. Es verkörpert uneingeschränkte Macht, direkte und ungehinderte Aktion. Niemand wird anzweifeln, daß die Bewegungen des Blitzes durch Mühelosigkeit und Freiheit charakterisiert sind. Der Blitz zaudert nicht, er wägt kein Für und Wider ab und verstrickt sich auch nicht in Überlegungen, wann wohl der beste Zeitpunkt zum Einschlagen gekommen sei. Er zögert nicht, bevor er den Boden erreicht, sondern bewegt sich mit äußerster Zielstrebigkeit, wenn er seine Elektrizität entlädt.

Die Farbe Grün ist mit der Eifersucht verbunden, mit Neid und Argwohn, aber auch mit dem Wachsen.
Die Hauptrichtung dieses Energiefeldes ist der Norden, wo die Elemente auf extreme Weise interagieren. Der Nordwind ist der stärkste Wind, und das Wetter im Norden ist unberechenbar und sehr veränderlich.
Dieses Energiefeld ist mit dem Sommer verbunden, mit dem überschäumenden Leben. Überall schwirrt es von Insekten. Im Gras der Wiesen und Weiden wimmelt es von Abermillionen winziger Kreaturen, die sich unentwegt vermehren. Nichts ist statisch, nichts ruht, und sogar die Luft scheint vor Hitze zu schwirren und zu flimmern. Bienen summen von Blume zu Blume, Kaulquappen, die dabei sind, sich zu Fröschen zu entwickeln, schnappen nach Fliegen. Immer wieder kommt es zu plötzlichen, dramatischen Gewittern, die ebensoschnell wieder vergehen, wie sie entstanden sind.
Der frühe Abend ist die Zeit dieser Energie, die Zeit nach Sonnenuntergang, wenn die Luft vom Zirpen der Heuschrecken und Grillen vibriert. Die Saatkrähen kehren zu ihren Ruhebäumen zurück, und ihr Krächzen ist weithin zu hören. Sie sitzen flügelschlagend auf den Ästen und kämpfen um die besten Plätze. Ein paar Nachzügler versuchen, noch ein Plätzchen zu ergattern – sie vertreiben andere und werden selbst vertrieben. Ein scheinbar nie endendes Gezänk ist im Gange.
Dieses Bild gibt nur einen kleinen Teil der unglaublichen Dynamik dieses Energiefeldes wieder, das seiner wahren Natur nach die Essenz der Macht ist.

Blau – Ngön (sNgön)

11

Das Energiefeld der blauen Himmelstänzerin

Die Farbe Blau ist mit dem Raum verbunden, mit der verzerrten Energie der Gleichgültigkeit und blinden Lethargie sowie mit der befreiten Energie der allgegenwärtigen Intelligenz und des allumfassenden Raumes.

Raum wird wahrscheinlich meist als Weltraum verstanden, jenes unendliche Reich dort draußen mit seiner unermeßlichen Zahl von Sternen, Planetensystemen, Sternschnuppenschwärmen, Gaswolken und den phantastischen Wirbeln der spiralförmigen Galaxien. Dieser »äußere Raum« flößt uns ein Gefühl der Ehrfurcht ein – er ist die beglückend offene Grenze unserer Welt, die voller ungeahnter Möglichkeiten steckt und sich in endlose Weiten erstreckt. Der »äußere Raum« und seine Erforschung ist Ursprung und Gegenstand unzähliger Sciencefiction-Storys, die die Vorstellungskraft ihrer Autoren ebenso wie die ihrer Leser erheblich erweitert haben. Es ist die Welt der Zeitreisen, der Paralleluniversen und der Konfrontation mit fremden Zivilisationen, die sich allesamt völlig anders entwickelt haben als unsere irdische Zivilisation.

Doch »Raum« erinnert uns irgendwie an Tod und kann irrtümlich als Vakuum oder Leere verstanden werden – nichts ist da, nichts kann geschehen, und es ist nicht einmal jemand da, der wahrnehmen könnte, daß nichts geschieht. Entsetzt schrekken wir vor dem Gedanken an diese vollkommene, endgültige Abwesenheit aller Phänomene zurück und spinnen uns in einen selbstgefertigten geistigen Kokon ein. Ich habe einmal ein Filmposter mit dem folgenden faszinierenden Untertitel gesehen: »Im Raum hört niemand, wenn du schreist!« Diese Angst ist eine Verzerrung, denn wir kennen nur die Idee des Raums, und unsere Vorstellung ist ein Produkt unserer Neurose. Wir trösten uns, indem wir die freie, offene Dimension des Raumes in das grablose Grab des Nihilismus konzeptualisieren. Indem wir den Raum als etwas definieren, woran wir nicht einmal denken wollen, verlieren wir den Kontakt zur offenen Dimension unseres Seins und faulen in unserer Mittelmäßigkeit dahin. Wir sind unfähig, mit der Abwesenheit von Greifbarem umzugehen – das ist mit keiner Art von Logik zu vereinbaren, und um uns wohlfühlen zu können, brauchen wir irgendeine Methode.

Wir sprechen über Raum im Sinne von Nicht-Sein, Tod und des Endes aller Phänomene. Doch diese Begriffe sind polarisiert. Wir erkennen nicht, daß allem – *so, wie es ist* – die fundamentale Natur der Leere oder des Raumes zugrunde liegt. *Nichts* ist nicht von *Etwas* zu trennen. Der Begriff des *Todes* läßt sich nicht vom Begriff der *Geburt* trennen und das *Ende* nicht vom *Anfang*. Sogar die *Idee* eines Vakuums (das, wie wir wissen, »die Natur verabscheut«) weist auf die *Substanz*, mit der sie verglichen werden kann. Die Unermeßlichkeit des Raumes umfaßt alle Polaritäten – sie ist der Schoß der Potentialität.

Raum ist kein Element wie Erde, Wasser, Feuer und Luft, denn Raum ist der anfangs- und endlose Ursprung der Elemente. Innerhalb des Raumes agieren die Elemente im ursprünglichen Spiel der Realität – dies ist der Tanz der fünf Khandros. Raum erschafft diese Energiefelder unaufhörlich und nimmt sie wieder in sich auf, ohne jede Mühe. Die vier verzerrten Energiefelder fungieren als Abwehrmechanismen der »blinden Lethargie«, die entsteht, wenn der Raum als nebelhaftes Nicht-Sein konzeptualisiert wird. Umgekehrt erheben sich die vier befreiten Energien als dynamische Funktionen allgegenwärtiger Intelligenz und vollkommener Offenheit.

Das Bezugssystem, in dem Raum als verzerrtes Energiefeld konzeptualisiert wird, läßt alles in einer tödlichen, halbbewußten Behaglichkeit erstarren. Wir spielen »Nichts sehen, nichts hören, nichts fühlen« mit dem eigenen Erleben. Wir haben das Gefühl, daß das Leben uns überfordert, daß die Realität zu schmerzhaft ist. An dieses ganze unselige Leben dort draußen auch nur zu denken, ist einfach zuviel für uns. Also spielen wir nicht mit. Wir werden uns irgendwo in einer Ecke verkriechen, das Ganze vergessen und hoffen, daß sich irgendwann alles in Wohlgefallen auflöst. Wir wollen nicht einmal in Erwägung ziehen, daran zu arbeiten oder damit umgehen zu lernen. Das erscheint uns viel zu anstrengend, wenn man bedenkt, welche Belohnung dafür in Aussicht gestellt wird. Schlimmstenfalls fühlen wir uns leer und wertlos. Unsere Wohnung wird allmählich zu einer Gefahr für unsere Gesundheit. Die meiste Zeit des Tages verbringen wir im Bett, stehen nur hin und wieder auf, um uns eine Tasse Tee oder, wenn es unbedingt sein muß, eine Scheibe Toast zu machen, die wir mit irgend etwas, das gerade in der Küche herumliegt, beschmieren. Überall liegen Krümel auf dem Boden, und wir wischen uns den Mund mit dem Morgenrock oder mit irgendeinem anderen Kleidungsstück ab. Der Mülleimer stinkt und quillt über – das Geschirr stapelt sich in der Spüle, bis nichts Sauberes mehr im Schrank ist; erst dann bequemen wir uns, ein paar Teile abzuwaschen. Das Schlafzimmer ist mit Kleidungsstücken übersäht, die dringend gewaschen werden müssen, aber das liegt für uns erst an, wenn der vereinigte Gestank von Socken und Unterwäsche so unerträglich schauderhaft geworden ist, daß uns selbst das Würgen kommt. Wir tun nur das absolut Notwendigste, und unser Leben verliert immer mehr an Qualität, bis schließlich auch noch ein Gefühl der Depression und Sinnlosigkeit hinzukommt.

In anderen Fällen gerät unser Leben äußerlich vielleicht nicht so stark aus den Fugen, doch wir verspüren oft das Bedürfnis, uns zu betrinken, oder sitzen stundenlang mit leerem Blick vor dem Fernseher und krönen das Ganze mit irgendeinem »Downer«. Daß es Methoden gibt, durch die wir die unverfälschte Energie des Seins erfahren könnten, ist wirklich das Allerletzte, was wir hören wollen. Statt dessen suchen wir nach einer für uns annehmbaren Weise, mit dem Nagen in unserem Inneren und mit dem Schmerz der Trostlosigkeit, die wir fühlen, fertigzuwerden. Es gibt fünf Möglichkeiten, mit dem Schmerz der Trostlosigkeit fertigzuwerden; sie entsprechen den fünf verzerrten Energiefeldern. Es gibt das *Einfrieren* in Verbindung mit dem verzerrten Energiefeld des Wassers, das *Verfestigen* in Verbindung mit der Erde, das *Phantasieren* des Feuers, das *Vorwegnehmen* der Luft und das *Verwischen* des Raumes. Von diesen fünf Methoden sind die drei grundlegendsten das *Phantasieren*, das *Einfrieren* und das *Verwischen*, da diese direkt mit den drei Tendenzen des Zerstreut-Seins verbunden sind – *Anziehung, Abneigung* und *Gleichgültigkeit* – sie wurden in einem früheren Kapitel behandelt.

Wenn Phantasieren unsere Methode ist, mit dem Schmerz der Trostlosigkeit fertigzuwerden, halten wir uns an unserem Schmerz fest, weil wir überzeugt sind, daß das unsere einzige Möglichkeit ist. Wie eine Art masochistischer Vampir nähren wir uns förmlich von der Energie unseres Schmerzes. Wir nähren den Schmerz mit großem Geschick. Wir greifen nach der Intensität unseres Schmerzes und sehen uns als eine Art Antihelden oder als einen Charakter aus einer Shakespearschen Tragödie. Diese Haltung kommt dem westlichen Konzept vom leidenden Künstler recht nahe. Törichterweise haben wir die Vorstellung, aus unserem Schmerz könnten große Dinge entstehen. Mit Sicherheit werden einige Leser an diesem Punkt einwenden, daß ein Großteil unseres künstlerischen Erbes doch tatsächlich vom menschlichen Leiden inspiriert wurde. Dies sollte eigentlich nicht überraschen, denn energetische Intensität führt häufig zu Besessenheit und Zielstrebigkeit. Wir sind immer dynamisch mit unserer erleuchteten Natur verbunden – wenn unsere Energie daher stark mit negativen Emotionen aufgeladen ist und wir die Motivation haben, Ideen bis zu einem bestimmten Ziel zu entwickeln, können wir auf eine Weise künstlerisch tätig sein, die andere Menschen bewegt. Wir sind selten so ekstatisch glücklich wie wir zutiefst unglücklich sind; so gesehen ist es nicht schwer, den Mechanismus der *gewöhnlichen Kreativität* zu verstehen. Wenn große Werke der Kunst und Musik als Produkte »gewöhnlicher Kreativität« bezeichnet werden, so könnte eingewandt werden, daß der Kritiker, der diese Bezeichnung verwendet, vielleicht einfach keine Ahnung hat. Die gewöhnliche Kreativität ist jedoch mit der befreiten Kreativität verbunden; deshalb scheint selbst in den verwirrtesten Zuständen immer wieder das Genie durch. Im Bereich der gewöhnlichen Kreativität ist wenig fröhliche Kunst zu sehen, zu hören oder zu lesen. Indem wir den Inneren Raum entwickeln, wird der Horizont unserer Kreativität weiter, als wenn wir zeitlebens ein Häufchen Elend bleiben – selbst wenn wir in diesem Zustand einen Haufen großer Kunstwerke produzieren.

Wir halten den Schmerz der Trostlosigkeit für unsere Identität, und indem wir an ihm festhalten, erhalten wir ihn aufrecht. Wir benutzen das gesamte Spektrum unserer Vorstellungskraft, um den Schmerz zu vergrößern und damit auch unsere Identität zu stärken. Wenn unser Partner uns wegen eines anderen Menschen verlassen hat, quälen wir uns, indem wir uns vorstellen, was die beiden wohl zusammen tun: Sie besuchen in unserer Imagination all die Orte, an denen auch wir einmal mit unserem Partner gewesen sind; sie vergnügen sich auf die gleiche Weise, wie wir es mit ihm getan haben. Immer neue schmerzhafte Szenarien lassen wir vor unserem geistigen Auge entstehen, um dann immer wieder von neuem in Tränen auszubrechen. Vielleicht wälzen wir uns sogar auf dem Boden herum, umklammern uns dabei selbst und schwelgen in unserem vermutlich bedauernswerten Anblick. Unsere Phantasien können sogar noch katastrophaler werden – sie könnten deutlich sexuelle Züge annehmen, bis an die Grenzen unserer Vorstellungskraft, und bei alldem lieben und verabscheuen wir gleichzeitig, was wir uns da selbst antun. Nachdem wir uns die Situation so schlimm wie möglich ausgemalt haben, fällt uns plötzlich ein, daß die Geschichte bei einer minimalen Situationsveränderung noch erheblich schlimmer für uns werden könnte. Wir fahren mit diesem Spiel so lange fort, bis wir völlig erschöpft sind und uns in den Schlaf weinen. Offenbar bereitet uns all dies ein perverses Vergnügen, doch ist das ziemlich oberflächlich und irreal und hilft uns nur, die Identität des »Im-Schmerz-Lebens« zu stärken. Für uns gilt: »Ich habe

Schmerzen, also bin ich.« Wenn wir versuchen, durch Einfrieren mit dem Schmerz fertig zu werden, werden wir hart und kalt wie Eis. Wir schneiden alle Gefühle ab und »gehen zur Tagesordnung über«. Warum wir das tun, wissen wir selbst nicht genau, aber das Leben muß nun einmal gelebt werden, also reißen wir uns zusammen. Resignation ist eine von der Gesellschaft akzeptierte und offenbar sogar bewunderte Form der Wut. Sie erfüllt uns mit einem falschen Gefühl der Würde. Wir versichern uns auf diese Weise unserer Existenz, indem wir uns vormachen, wir könnten ohne Emotionen leben. Wir können nicht zugeben, daß es uns stark zusetzt, von unserem Partner verlassen worden zu sein: »Was für einen Sinn haben emotionale Beziehungen überhaupt, sie haben noch nie jemandem gutgetan.« Wir jedenfalls haben genug davon. Wir »stehen da drüber« und haben in jeder Situation immer noch eine schlagfertige Bemerkung auf Lager – wir weisen weit von uns, daß uns dieser Schmerz berührt. Wir werden zu Stoikern und weiden uns an einer absurden Art von Effizienz, die völlig unpassend ist. Wir tun so, als sei nichts geschehen, in dem Wissen, daß niemand je erfahren oder verstehen wird, welchen Schmerz wir ertragen haben und wie stark wir sind. Wir laufen geschäftig im Haus umher, vergewissern uns, daß alles makellos ist, verbringen unsere Zeit mit Organisieren. Dabei erledigen wir alles alleine, um niemanden anlächeln zu müssen. Unser Gesicht gefriert zu einer ausdruckslosen Maske. Vielleicht legen wir uns auch ein unheimliches fixiertes Lächeln zu, das nichts verrät, und tun so, als ginge es uns blendend. Es mag so aussehen, als wären wir noch der/die Alte, doch wir schauspielern Minute für Minute. Vielleicht gehen wir sogar eine neue Beziehung ein, doch wenn der Dauerfrost unserer Abwehr nicht schmilzt, kann kein Mensch mit uns kommunizieren. Wir sind nur Schauspieler und Schauspielerinnen, und unsere frostige Oberflächlichkeit verhindert jede echte Kommunikation – das einzige, was die Beziehung retten würde. Wir können nicht zulassen, daß unsere neue Beziehung funktioniert. Wir können keinen anderen Menschen an uns heranlassen, denn dann müßten wir eventuell unseren

Schmerz eingestehen. Wenn wir versuchen, durch Verwischen mit dem Schmerz fertigzuwerden, zerstreuen wir uns unentwegt. Wir tun so, als ob unser Geliebter oder unsere Geliebte uns in Wirklichkeit nie verlassen hätte. Wir versuchen, eine Art künstlicher Ferien vom Schmerz zu nehmen. Nachdem wir eine Weile zwischen dem Einfrieren und dem Phantasieren hin- und hergependelt sind (das ist das gewöhnliche Muster), sind wir erschöpft und müssen uns mit den unterschiedlichsten Vergnügungen zerstreuen. Wir treiben Konversation oder beteiligen uns an irgendeinem Projekt oder einer Aktion, um unseren Schmerz zu ersticken. Wir könnten Abendkurse belegen, eine Sprache erlernen oder einen Keramikkurs absolvieren, um unsere Küche neu auszustatten. Vielleicht versuchen wir es auch mit einem Mechanikerkursus und machen unser Auto endlich wieder flott, oder wir üben uns in der Aquarellmalerei. Wir besuchen Freunde, aber immer mit einer Flasche »Weichzeichner« in der Hand. Wir haben ständig einen Haufen Termine, die uns von unserem Schmerz ablenken; die meisten Leute glauben, daß wir mit unserer Situation gut zurechtkommen, bis wir nach einer tierischen Sauftour völlig zusammenbrechen und dann irgend jemandem die ganze Nacht mit unserem Geheule wachhalten. Wenn wir uns nicht zerstreuen können, stürzen wir uns ins Vergessen – wir greifen zu Rauschmitteln, gehen schlafen oder begehen Selbstmord, um dem zu entgehen, was wir als die brutale Realität unserer Situation ansehen. Wir verschleiern permanent alles, was uns schmerzt.

Wenn wir versuchen, durch Verhärtung mit dem Schmerz des Verlassenwordenseins fertigzuwerden, bilden wir uns etwas darauf ein, daß wir unseren Schmerz eingefroren haben. Wir haben uns nicht unterkriegen lassen! Wir haben es geschafft! Wir haben das furchtbare Unglück durchgestanden, ohne daran zu zerbrechen, ja sogar ohne auch nur mit der Wimper zu zucken.

Wir härten uns mit einer Art morbider Gleichgültigkeit ab, die sich zu einem Gefühl von Stolz entwickelt – dieses Mal haben wir es jedenfalls geschafft! Dies ist unsere Art, den Schmerz zu betäuben. Das Einfrieren hat uns vor dem Zusammenbruch bewahrt, aber jetzt müssen wir uns mit der kalten Welt auseinandersetzen, die wir uns dadurch selbst geschaffen haben, und irgendwie müssen wir uns dabei auch noch wohlfühlen. Wir versichern uns immer wieder, daß uns das nie mehr passieren wird. Wir bauen uns eine Rüstung, die uns unverletzbar macht – wir werden völlig empfindungslos. Niemand darf uns jemals zu nahe kommen oder uns verletzen. Wir werden immer arroganter in bezug auf unsere Standfestigkeit und bilden uns etwas darauf ein, daß wir alles ohne jede Gefühlsäußerung überstanden haben. Wir verachten Menschen, die zusammenbrechen, weil sie offenbar nicht soviel Mumm in den Knochen haben wie wir.

Wenn Vorwegnahme unsere Methode ist, mit dem Schmerz fertigzuwerden, befürchten wir von vorneherein das Schlimmste und leben in ständiger Furcht davor, was passieren könnte. Dabei projizieren wir unsere Angst immer weiter in die Zukunft und damit von uns weg. Wenn unser Partner uns verlassen hat, sind wir völlig erschüttert über diesen Territoriumsverlust und darüber, was das für die Zukunft bedeuten könnte. Wir können uns nun nicht mehr auf die Zukunft verlassen, weil unser in die Zukunft projiziertes Territorium zerfallen ist – wir wissen einfach nicht mehr, wie wir in der Gegenwart existieren sollen, da die Zukunft zu einer schreienden Leere geworden ist. Wir können keine Pläne mehr machen, denn wir haben unsere Anhaltspunkte verloren, und wir haben das Gefühl, daß man uns jeden Boden unter den Füßen weggezogen hat. Ohne die Nähe unseres Partners wissen wir nicht einmal mehr genau, wer wir sind. Er war Teil unseres Territoriums; wir brauchten ihn, um uns unserer Existenz zu versichern.

Der Begriff Territorium hat in diesem Zusammenhang nichts mit der besitzergreifenden Qualität des Erdelements zu tun – Territorium wird nicht als Besitz angesehen, sondern als unerläßlicher »Beweis für das Sein«. Ausweitung des Territoriums hat nicht die verzehrende Qualität des Feuerelements. Die Aneigung des durch Erfahrung gesicherten Territoriums läßt sich vergleichen mit trittsicheren Steinen im reißenden Fluß des Raums. Hier geht es nicht um die Erfüllung von Wünschen, sondern es handelt sich um den panischen, verzweifelten Klammergriff des Ringens um Sicherheit. So gesehen ist unser Partner zu einem Teil von uns geworden. In diesem Geisteszustand fällt es uns schwer, zwischen »Ich« und dem »anderen« zu unterscheiden, zumindest dann, wenn der »andere« unser Partner ist. Wenn unser Partner uns dann verläßt, fühlen wir uns wie amputiert – unsere Beine und Arme enden plötzlich an den Knien und Eilbögen.

Die Entdeckung des Raumes eröffnet uns noch eine weitere Art des Umgangs mit dem Schmerz. Wir erkennen, daß der Schmerz sich auflöst, wenn wir die Empfindung des Schmerzes nicht zum Kriterium für die Sicherung unserer Existenz machen (daß wir fest, dauerhaft, abgetrennt und beständig sind). Nachdem wir das konzeptuelle Gerüst entfernt haben, bricht die Schmerzempfindung, wie wir sie kennen, in sich zusammen. Der Prozeß der künstlichen Aufrechterhaltung und Intensivierung von emotionalem Schmerz mit Hilfe der Gedanken funktioniert wie ein Gyroskop – wenn wir dafür sorgen, daß die Gedanken sich ständig im Kreis bewegen, erzeugen wir eine Ladung, die die Auflösung des Schmerzes aktiv verhindert. Ohne Konzeptualisierung wird emotionaler Schmerz zu *reiner Empfindung*, die sich befreit, um in der Weite der offenen Dimension der Erfahrung zu tanzen. Wenn wir nichts für oder gegen unsere Schmerzempfindung unternehmen, wenn wir sie einfach so lassen, wie sie ist, *wird* sie zu einer *immanenten Möglichkeit* des Erleuchtetseins. Ohne die Zwangsjacke eines Konzepts hört der Schmerz auf, Schmerz zu sein, und wird zu freier Energie.

Daß es nicht einfach ist, sich vom konzeptuellen Gerüst zu befreien und *den auftauchenden Emotionen ins Gesicht zu schauen*, braucht hier eigentlich nicht mehr ausdrücklich hinzugefügt zu werden. Doch uns allen ist die Fähigkeit, dies zu tun, *wesenseigen* – diese Fähigkeit ist ein Aspekt unseres natürlichen Seinszustandes.

Um unsere Wahrnehmung des emotionalen Schmerzes jeglicher Art zu befreien, müssen wir Shi-ne praktizieren. Wir müssen dazu unseren Inneren Raum entdeckt haben und in der Lage sein, in diesem Zustand *entspannt zu ruhen.* Ohne die Erkenntnis des Inneren Raums (die in alles Erleben integriert werden muß), dürfen wir kaum hoffen, unsere Emotionen völlig befreien und sie als den Weisheitstanz der fünf Khandros erkennen zu können.

Das tibetische Symbol für dieses Energiefeld ist der Khorlo, jener Kreis, der Ort, Richtung, Form, Zeit und Raum transzendiert.

Die Farbe Blau ist die Tiefe des Himmels, der sich in die Unendlichkeit ausdehnt. Sie ist intensiv, strahlend und leer, unbeeinflußt von Wolken jeglicher Färbung. Sie kann aber auch trübe, undurchlässig, dicht und ohne Tiefe oder wie Rauch sein: undurchdringlich für das Auge.

Dieses Energiefeld ist nicht-bedingt und frei von Bezügen. Es hat keine Hauptrichtung, da es gleichzeitig alle Richtungen und keine Richtung umfaßt. Raum birgt die Möglichkeit in sich, daß »Richtung« und »Ort« sich manifestieren. Er wird nicht zu einer Jahres- oder Tageszeit in Beziehung gesetzt, denn das Phänomen der vergehenden Zeit entsteht aus der *Kontinuität des Jetzt* – der immerwährenden Erfahrung des Raums. Raum ist weit, unendlich, grenzenlos, ursprungslos und nicht-bedingt.

Die Weisheit der allgegenwärtigen Intelligenz und des allumfassenden Raums ist da, sobald wir den künstlichen Prozeß des Zerstreut-Seins losgelassen haben. Sie ist sofort präsent, wenn wir aufhören zu kämpfen und im Gespinst unserer eingebildeten Entspannung zu schwelgen. Wenn wir einfach »loslassen« und »sein lassen«, erkennen wir uns selbst als vollkommen offen und wach.

Das Üben von Shi-ne ist der Anfang. Der nächste Schritt ist, konkrete Lebenssituationen als Bestandteil unseres Weges anzusehen und den Raum in das Empfinden und Wahrnehmen zu integrieren. Schon das erste Aufflackern des Inneren Raums vergrößert unsere Fähigkeit, mit unseren Emotionen zu arbeiten, und je weiter wir in der Praxis des Shi-ne fortschreiten, um so größere Klarheit entdecken wir. Doch sogar als psychologische Konstrukte können uns die vorliegenden Gedanken helfen, mit der Erfahrung des emotionalen Schmerzes auf realistischere Weise umzugehen. Wenn wir mit dem hier Beschriebenen etwas anfangen können, dann deshalb, weil wir den Inneren Raum schon vor jedem Anfang erfahren haben. Er kann gar nicht anders, als durch das Miasma unserer eingeschnürten Energie hindurchzuscheinen.

Teil 3

Teil 3

Elementare Essenz – Jung ('byung)

12

Die Natur der Elemente entdecken

Die Elemente werden oft in Form eines Chörten dargestellt – das ist ein Monument, das die Möglichkeit der Befreiung symbolisiert.

Der Chörten ist in ganz Tibet und in allen Himalajaländern wie Bhutan, Sikkim, Nepal, Lahaul, Spiti Zanskar und Ladhak zu finden. Er beschreibt eine Entdeckungsreise durch die Qualitäten der fünf Elemente: Erde, Wasser, Feuer, Luft und Raum. Der Chörten besteht aus einer Folge geometrischer Symbole, die sich mit großer Anmut und Einfachheit eines aus dem anderen erheben. Er vermittelt sehr direkt die erfahrbaren Eigenschaften der Elemente. Der Würfel der Erde trägt die Kugel des Wassers, über die sich der Kegel des Feuers erhebt. Auf der Kegelspitze ruht der Halbmond der Luft, in dessen konkaver Rundung der Diskus des Raums liegt: der Ursprung der Elemente.

Ein Chörten kann aus vielen verschiedenen Materialien erbaut sein, doch die größten Bauwerke dieser Art, die die tibetische Landschaft schmücken, sind aus Stein und gehärtetem Schlamm errichtet. Gewöhnlich sind sie geweißt, und manchmal ist der Halbmond der Luft und der Diskus des Raums vergoldet.

Ich kann mich noch gut daran erinnern, wie ich zum erstenmal einen Chörten sah. Dieser erste Anblick war für mich ein Erlebnis völlig außerhalb von Zeit und Raum. Er ist mir stets in lebhafter Erinnerung geblieben – der Fluß der Zeit hat ihn nicht zu vernebeln vermocht. Ich habe das Erlebnis heute noch so klar vor Augen wie zum Zeitpunkt des Geschehens, während sich die übrigen Einzelheiten jener Reise in einem Nebel verloren haben, als ob jemand anders dies alles erlebt hätte – eine längst verstorbene, andere Version von mir. Vor etwa einer Woche hatte ich das Tal von Katmandu hinter mir gelassen, und es schien mir schon fast ebensoweit entfernt wie der Garten meiner Mutter auf der anderen Seite der Welt. Ich war umgeben von einer Hochgebirgslandschaft mit filigranartig von Flechten überwachsenem Gestein. Das gleißende Licht der Sonne schäumte im Leuchten winziger, bunter Blumen zu meinen Füßen über. In dieser Höhe wirkte der Himmel wie ein Fenster zur Unendlichkeit. Sein klaffendes, unendliches Blau war wie eine Öffnung in den Raum – der Mond ist in diesem Gebiet oft bei hellem Tageslicht sichtbar. In großen Höhen ist der Himmel tiefblau, doch das Licht, das er ausstrahlt, kann im scheinbaren Gegensatz dazu sehr intensiv sein. Farben nehmen bei so reinem Licht eine gleißende Schärfe an, und das Blau des Himmels findet hier und da seine Entsprechung im tibetischen blauen Mohn mit seinen stacheligen Blättern, die ihn vor den grasenden Bergziegen schützen. Ich war ein glücklicher Wanderer in einer erhabenen, fast unwirklich stillen Landschaft, und ich hatte nur ein Ziel: rechtzeitig einen Ort zu erreichen, wo ich die Nacht verbringen konnte. Ich sang den siebenzeiligen mystischen Gesang Padmasambhavas, des großen Magiers und zweiten Buddhas, der die tantrischen Lehren aus dem mystischen Land Ögyen nach Tibet gebracht hatte. Vielleicht war auch er auf diesem Weg gekommen, vielleicht war er hier nach Tibet gewandert, Dämonen bändigend und negative Einflüsse harmonisierend. Er muß seine Reise zur Zeit Karls des Großen angetreten haben. Auch unbekannte Anhänger Padmasambhavas, wandernde Ngakpas, waren vermutlich auf diesem Pfad geschritten und hatten dabei die volltönenden Silben ihres Bewußtheits-Zaubers gesungen. Vielleicht stammte der Klang, den ich hörte, nicht nur von meiner eigenen Stimme, sondern war in Harmonie mit der Energie der Berge, in welcher die lebendige Präsenz Padmasambhavas mitschwang. Mir wurde bewußt, daß mich nicht nur mein Lehrer in seine Familie aufgenommen hatte, sondern daß ich auch Teil einer viel größeren Familie geworden war, der Weißen Übermittlungslinie jenes aus dem Lotus geborenen Magiers, und daß alle, die diesen Weg beschritten hatten, meine Brüder und Schwestern waren. Die Zeit schien bedeutungslos zu werden. Nicht einmal eine Armbanduhr hatte ich bei mir, die mich daran hätte erinnern können, daß ich im zwanzigsten Jahrhundert lebte. Die Vorstellung, daß ich hier plötzlich auf einige jener sagenumwobenen tantrischen Helden und Heldinnen treffen könnte, von denen ich so viel gehört hatte, erschien in jener phantastischen Umgebung durchaus möglich.

Der Weg war schon eine Weile bergab gegangen. Ich hatte mich mehrmals an einen Bach gesetzt, der fröhlich gluckernd immer wieder den Pfad kreuzte, und meine Füße ins Wasser baumeln lassen. Ein Arm hing aus meinem kastanienbraunen Wollmantel heraus – die Tibeter tragen ihre Chubas je nach Temperatur auf viele verschiedene Arten. Ich hatte nur eine sonnengebleichte Schultertasche aus reich verziertem Stoff mit, die aus Bhutan stammte. Außer einer tiefroten Decke, die gleichzeitig ein Schal war, hatte ich nur noch allerlei Krimskrams bei mir, dazu etwas zu essen und eine Flasche Gerstenbier. Mein Nahrungsvorrat war denkbar einfach – eine Art tibetischer Teekuchen, getrocknete Aprikosen und tibetischer Hartkäse, den man beim Gehen endlos kauen kann.

Geräusche sind in der klaren Hochgebirgsluft weithin zu hören. Das Glucksen des Baches schwoll zu schallendem Gelächter an, wenn er dem Pfad folgte, und ebbte zu einem leisen Kichern ab, wenn er sich einen eigenen Weg suchte. Ich hatte die Sonne im Rücken und beobachtete das mühelose Kreisen der Adler in der Luft über mir.

Es war schon recht spät geworden, wahrscheinlich, weil ich zu oft die Beine im Bach hatte baumeln lassen und außerdem auch noch ein kurzes Nickerchen gemacht hatte. Um vor Anbruch der Dämmerung ein Dorf zu erreichen, legte ich einen Schritt zu. Ich wollte ein paar Meilen möglichst schnell hinter mich bringen und vergaß darüber, wie sehr mich der Himmel fasziniert hatte. Mein Blick war nun auf den Weg gerichtet. Vermutlich war es mir ziemlich warm, und wahrscheinlich fühlte ich mich auch ein wenig erschöpft. Also senkte ich einfach den Kopf und konzentrierte mich auf mein Ziel, einen hochgelegenen Punkt in der Ferne – er schien nicht besonders weit zu sein. Doch wenn man sich in den Bergen nicht auskennt, kann man sich in bezug auf Entfernungen sehr täuschen: Meine Körperkräfte wurden stärker beansprucht, als ich erwartet hatte. Da ich mir jedoch ein Ziel gesteckt hatte, das ich unbedingt erreichen wollte, ging ich weiter, ohne zu rasten und ohne mein Marschtempo zu verlangsamen. Ich hatte jetzt keinen Blick mehr für den überwältigenden Ausblick, der sich mir bot, und die ständig zunehmende Anstrengung lenkte meine Aufmerksamkeit immer stärker direkt auf den Rhythmus meiner Bewegungen.

Ich weiß nicht genau, wie lange ich so zielstrebig wanderte, doch als ich schließlich den Punkt erreichte, den ich von weiter unten gesehen hatte, fühlte ich mich sehr geschwächt und schwindelig. Mein Herz hämmerte wie verrückt. Dieses Pochen überdeckte fast alle übrigen Empfindungen und dominierte den gesamten sensorischen Input. Erschöpft fiel ich ins Gras.

Erst nach einer Weile fühlte ich mich wieder in der Lage, mich aufzusetzen. Ich kann mich nicht mehr genau erinnern, ob ich in der Zwischenzeit eingeschlafen war oder ob ich nur dagelegen und in den Himmel gestarrt hatte, jedenfalls war, als ich mich endlich wieder aufrichtete, die Abenddämmerung nicht mehr fern. Ein köstlicher, erfrischender Duft umgab mich und verursachte ein Gefühl großer Klarheit – im Himalaya gibt es Kräuter und Blumen im Überfluß, und sie alle werden in der tibetischen Medizin genutzt.

Als ich mich erhob, sah ich einen kleinen geweißten Chörten vor den dunklen und doch lebensprühenden Farben der Berge leuchten. Hoch über mir in der Luft krächzte ein großer Rabe – das war in jenem Augenblick das einzige Geräusch im gesamten Universum, und zwischen dem Vogel und mir war kein Abstand. Es bestand keine Trennung zwischen diesen Erfahrungen. Eine Zeitlang machte ich keinen Versuch, den Fluß der freien Wahrnehmung zu lenken, zu manipulieren oder zu interpretieren.

Ich saß mit weit offenen Augen, bis die altbekannten Wahrnehmungsmuster sich wieder einstellten. Ich bemerkte das rote Licht der Sonne auf dem kupferfarbenen Mond und auf dem Raum-Diskus des Chörten. Die Wunschpfad-Wimpel flatterten wild im Wind, der aufgekommen war, und die Dämmerung brach ein. In der Nähe glitzerten die Lichter menschlicher Behausungen wie Echos der ersten Sterne, die sich am Himmel über den Bergen zeigten. Der Schnee auf den Gipfeln rötete sich vom Schein der untergehenden Sonne.
Ich vergrub den entblößten Arm wieder in der Chuba, warf mir die Reisetasche über die Schulter und schritt auf die Lichter zu, erfüllt von der Freude, einen weiteren Tag in Padmasambhavas Land verbracht zu haben.
Ich ging einfach weiter, ohne mich noch einmal nach dem Chörten umzuschauen – diese Idee kam mir gar nicht. Ich ließ die Knochenscheiben meiner Teng'ar (Gebetskette) durch meine Finger gleiten, richtete den Blick auf die Lichter vor mir und stimmte die Silben von Padmasambhavas Bewußtheits-Zauber an: Om Ah Hung Bendza Guru Pema Siddhi Hung! Ich war erfüllt von Freude über die Inspiration, die mir zuteil geworden war.

Chörten – (mChod-rTen)

13 Chörten

13
Chörten

Der Chörten beschreibt eine Reise durch die Eigenschafts-Sphären der fünf Elemente: Erde, Wasser, Feuer, Luft und Raum.
Der Impuls zu dieser Entdeckungsreise entsteht, wenn unsere neurotischen Absichten erschöpft sind. Erst wenn wir unsere Neurosen nicht mehr zu nähren vermögen, können wir zur grundlegenden Erkenntnis des Raums gelangen. Und nur von dieser Raumerfahrung aus können wir unsere Reise akzeptieren, oder wir geraten in Panik und ziehen uns in eine eingebildete Sicherheit zurück.
Unsere neurotischen Absichten kreisen letztlich um die Obsession, um jeden Preis Sicherheit zu erlangen. Wir wollen beweisen, daß irgend etwas an uns fest, abgetrennt, beständig und dauerhaft ist – deshalb wuchern unsere neurotischen Absichten immer wieder neu.
Wir versuchen uns in einem bizarren Balanceakt. Unser In-der-Welt-Sein gleicht einem dreidimensionalen Schachspiel. Außerdem befinden wir uns vielleicht auch noch auf einem Drahtseil oder fahren sogar Einrad darauf. Manchmal gewinnen wir, nehmen mit einer genüßlich ausgekosteten Bewegung eine Königin vom Spielfeld, und das Publikum rast vor Hysterie. Manchmal glauben wir, unsere Sache gut zu machen, doch das Publikum langweilt sich – das ist doch ein alter Hut, mit vier auf Hochtouren laufenden Kettensägen zu jonglieren! Also versuchen wir, die Gunst des Publikums durch ein paar besonders gefährliche Bewegungen wiederzugewinnen, doch dabei rutschen wir aus und machen uns so vollends zum Narren. Schließlich hängen wir am Seil, klammern uns mit den Händen daran fest und blicken dem Tod ins Auge, und dann

müssen wir auch noch mit ansehen, wie unser Erzrivale das Seil anzündet. Manchmal haben wir einfach zuviel Angst, um aufzutreten; dann finden wir Sicherheit, indem wir uns so wenig profilieren, daß wir fast zweidimensional werden. Wir kauern uns in eine dunkle Ecke und versuchen, die Welt auszusperren.

Dies sind persönliche Überlebensstrategien oder Lebenspläne, mit deren Hilfe wir uns vom unermeßlichen, richtungslosen, zeitlosen Raum der Weisheit fernhalten, vom Ursprung des Seins.

Wir greifen nach der flüchtigen Illusion der Sicherheit, jenen flimmernden Spiegelungen auf der Blase unserer Wahrnehmung, die uns so solide erscheinen, bis wir uns daran machen, sie in Besitz zu nehmen.

Wir versuchen, die flüchtigen Illusionen der Unsicherheit abzuwehren, die wir für den gähnenden Abgrund der Vernichtung halten, während wir uns weigern, den Raum als Ursprung des Seins zu erkennen.

Wir ignorieren die flüchtigen Illusionen scheinbarer Neutralität, den amorphen Schleier einer Welt, zu der wir keine Beziehung haben und mit der wir nicht kommunizieren können. Wo weder ein unmittelbares Sicherheitsangebot noch eine unmittelbare Bedrohung durch Unsicherheit existiert, ist direkte Manipulation nicht möglich; deshalb erscheint es uns zweckdienlicher, kurzsichtig zu werden.

Erschöpfung ist ein Zustand, in dem wir nicht mehr in der Lage sind, unsere Energie zu lenken – wir müssen uns entspannen. Wir alle erleben diesen Zustand dann und wann im Leben – das Leben scheint uns in solchen Zeiten beim Genick zu packen und uns so richtig durchzuprügeln. All unsere Pläne und Projekte werden zunichte gemacht. Das ist zwar nicht gerade eine spaßige Situation, aber inmitten dieser Vorhölle können wir entdecken, daß wir eine ganze Menge mehr Freiheit haben. Wir finden ein Raumgefühl, das wir entweder als bedrohlich oder als einladend erleben können.

Dieser einladende Raum ist unsere Nahrung. Mit seiner Hilfe können wir unseren Antrieb wiedergewinnen. Wir können die

Energie des Raums, den wir im Zustand der Entspannung entdeckt haben, erforschen, oder wir schaudern ängstlich vor der Offenheit des Raums zurück. Wir können uns diesem Antrieb öffnen und uns entdecken, wie wir wirklich sind, oder wir können mit unserem irrsinnigen Kampf fortfahren, den wir infolge von Erschöpfung unterbrechen mußten.
Es steht uns frei, die Möglichkeiten der Entspannung und Freiheit zu erforschen oder uns in den Kampf um die Erhaltung der Illusion der Sicherheit zurückzuziehen, wie wir es gelernt haben; allerdings führt das zur Verengung und zum Ersticken. Der Chörten kann als Reise aus der dichten, lichtlosen Klaustrophobie in die ungreifbare selbstleuchtende Weite verstanden werden. Wenn wir nicht mehr versuchen, uns zu verfestigen, fangen wir an, den aus sich selbst heraus existierenden Raum zu erkennen – wir entwickeln die Fähigkeit zu erforschen, ohne zu greifen und unsere eigenen Begrenzungen in Frage zu stellen. Wenn wir um Verfestigung kämpfen, versuchen wir damit, den Raum zu verfestigen – wir *halluzinieren* nicht existierende Begrenzungen, in denen wir glauben, keinen Raum zu haben, uns zu bewegen, und keine Zeit zu forschen. Wir erschöpfen unsere Energien und schaffen die *Erscheinung illusionärer Verwirrung*, wodurch der Kontakt mit dem ursprünglichen Raum nahezu verloren scheint.
Die Verfestigung loszulassen bedeutet, daß wir nicht mehr versuchen, den Raum zu »etwas« zu machen, das für unsere konditionierte Wahrnehmung akzeptabel ist. Wenn unsere vorstrukturierte Wahrnehmung sich verflüchtigt, erkennen wir den Raum so, wie er ist, und auch uns selbst, wie wir sind.
Im Prozeß dieses intellektuell nicht nachvollziehbaren *Verlernens* werden die *halluzinierten Begrenzungen* als nicht existent erkannt – Bewegungsraum und Zeit zu sein entfalten sich grenzenlos. Wir erkennen die Unerschöpflichkeit der Energie und tanzen den grenzenlosen Tanz der spontan vollendeten mitfühlenden Aktivität im ursprünglichen Raum.
Wir wollen nun einen Blick auf die Elemente werfen und den psychologischen Weg durch sie hindurch untersuchen, von der Erde durch Wasser, Feuer und Luft hin zum Raum. An die-

ser Stelle möchte ich darauf hinweisen, daß das Symbolsystem, mit dem wir uns in den nächsten Kapiteln beschäftigen werden, zum zuvor dargestellten parallel verläuft, also keine Ergänzung desselben ist. Das in den vorangegangenen Kapiteln dargestellte System beschrieb Gleichgestelltheit und doch auch Gegensätzlichkeit der einzelnen Elemente, die sich jeweils in zerstreuten und befreiten Energiemustern manifestieren. In dem Symbolsystem, das wir im folgenden untersuchen, werden die Elemente in einer linear-hierarchischen Beziehung gesehen, wobei die Erde das verzerrteste Element ist, und nach einer Entwicklung über Wasser, Feuer und Luft der Raum, das befreite Element, erreicht wird. Keinesfalls sollte man versuchen, Ideen aus diesen beiden Systemen miteinander zu vermischen – sie funktionieren völlig getrennt voneinander und haben nichts miteinander zu tun, auch wenn es gewisse Ähnlichkeiten geben mag. Evans-Wentz, der berühmte Pionier unter den Tibetologen, machte diesen Fehler bei der Übersetzung des *Tibetischen Totenbuchs.* Er veränderte den Originaltext, weil er ihn für fehlerhaft hielt, da die Farben und Grundrichtungen in diesem Werk nicht mit denen des allgemein gebräuchlichen Systems übereinstimmten.
Das Long-de-System des Dzogchen erklärt die Persönlichkeitstypen wieder anders, und auch die Elemente haben eine andere Bedeutung; dies im vorliegenden Buch auch noch zu behandeln, würde zu weit führen. Das buddhistische System kennt mehrere Arten, die verschiedenen Menschentypen zu beschreiben. Der Abhidharma spricht von den fünf Skandhas, die übrigen Sutras reden von den sechs Reichen der Existenz. Doch ebenso wie die beiden im vorliegenden Buch beschriebenen Systeme sollten auch jene Systeme innerhalb ihres Kontextes gemäß ihrer eigenen, einzigartigen Funktionsweise erforscht und erlebt und nicht zu bloßen Objekten für vergleichende Studien degradiert werden.

14
Erde

Die Basis des Chörten ist ein Würfel, der die Erde symbolisiert. Erde ist dunkel und einengend und behindert die Bewegung. Die riesigen Ausmaße der Erde und ihr Gewicht lassen keine leichte Bewegung zu, nicht einmal für die Würmer, die sich ihren Weg durch das Erdreich bahnen. Jede Aktivität in Verbindung mit dem Erdelement ist durch langsames, blindes Tasten charakterisiert. In der Erde leben nur sehr primitive Lebensformen. Alles, was mit der Erde zu tun hat, ist in bezug auf Bewußtsein primitiv oder minimal. Nichts geschieht mit hoher Geschwindigkeit, denn die Erde unterliegt der Wirkung der Schwerkraft – eine tödliche Trägheit scheint die meisten Möglichkeiten zu ersticken. Alternativen sind kaum vorstellbar; der Gedanke, daß wir die Augen öffnen könnten, ist mit dem intensiven Bemühen um Selbstschutz scheinbar nicht zu vereinbaren – wir fühlen uns glücklich und zufrieden in unserer Elefantenhaut.

Dies ist der Geisteszustand des Erdelements, und wir werden ihn im folgenden anhand der Analogie des Lebens in einem Sarg weiter untersuchen. Der Geisteszustand des Erdelements gleicht dem Eingeschlossensein in einem Sarg, einem engen, wenn auch gut ausgepolsterten Behälter. Wir wissen selbst nicht, wie wir da hineingekommen sind oder warum wir es für gut hielten, uns einzukerkern – uns ist nur die dunkle, verschwommene Vorstellung geblieben, daß wir auf gar keinen Fall den Deckel öffnen dürfen. Irgendwann – wir wissen beim besten Willen nicht mehr, wann das war – haben wir den Deckel von innen verriegelt, und seitdem halten wir ihn fest verschlossen, ohne daß wir uns dessen bewußt sind, was wir tun. Wir wissen nicht mehr genau, warum wir es tun oder was es

uns eigentlich wirklich bringt – wir haben die akute Bedrohung aus dem Auge verloren. Es ist so stockfinster und so »furchtbar« gemütlich, daß unsere Imagination sich zur Ruhe begeben hat. Sinneseindrücke von außen erreichen uns kaum, doch merken wir durchaus, daß wir unter dem von uns selbst geschaffenen Druck zu ersticken drohen. Da wir unsere Furcht jedoch immer weniger wachzuhalten vermögen, verliert sie allmählich ihre neurotische Intensität. Um sich am Leben erhalten zu können, fehlen ihr die Vergleichsmöglichkeiten; so wird die Erinnerung an sie schließlich zu einem dunklen Geheimnis. Wenn die scharfen Ränder unserer Furcht zu verschwimmen anfangen, werden wir von der Schwere und Klaustrophobie unserer Umgebung überwältigt. Wir sehen plötzlich nicht mehr die Notwendigkeit, unser Bewußtsein weiterhin hermetisch unter Verschluß zu halten. Unser Klammergriff lockert sich, und zu unserer großen Überraschung öffnet sich der Sargdeckel völlig mühelos. Nicht einmal ein teuflisches Knarren wie aus einem billigen Horrorfilm ist zu hören, denn die Scharniere sind gut geölt, als hätten sie nur darauf gewartet, endlich ihren Zweck zu erfüllen. Plötzlich nehmen wir eine neue Dimension wahr: die Möglichkeit physischer Bewegung. Nachdem unser Bemühen, in diesem dunklen, verkrampften Zustand zu existieren, sich zu guter Letzt selbst erschöpft hat, lassen wir los und entspannen uns. In der neuen Offenheit erleben wir ein Gefühl von Raum. Dies könnte als »Anfang der Erforschung« bezeichnet werden.
Erdelementpersönlichkeiten können nur nach festgelegten Strukturen leben. In diesem Geisteszustand wissen wir ganz genau, was wir mögen, denn wir mögen ganz einfach alles, was althergebracht ist und sich als gesichert bewährt hat. Wir mögen es, weil es Tradition ist, und es ist Tradition, weil wir es mögen. Das ist die »scharfsinnige« Logik dieser Haltung. Wir essen alles so, wie es sich gehört, und außerdem zur richtigen Zeit und am richtigen Ort – doch weil wir das ganze Drum und Dran so gut kennen, schmecken wir kaum etwas, und von Genießen kann erst recht keine Rede sein. Rentner leben häufig so. Weil sie ihre geregelte Arbeit nicht mehr haben, ent-

wickeln sie eine so starke Angst vor dem leeren Raum, daß ihnen oft jeder Sinn für Experimente abhanden kommt. Sie leben für die Mahlzeiten, für die Zubettgehzeit und für die Sonntagszeitung. Man könnte nun meinen, daß Zeitunglesen alte Leute stark ängstigen muß – schließlich wird ja tagtäglich über die furchtbarsten Katastrophen berichtet. Doch offenbar ist das nicht so.

Vor vielen Jahren bezog ich kurz nach meinem Examen in Cardiff ein neues Mansardenzimmer. Ich wollte es vor Beginn des Herbstsemesters weiß streichen. Offenbar hatte der Vermieter den Raum durch einen orange-gelben Anstrich aufzuheitern versucht – man fühlte sich ungefähr so wie in einem Ei. Ich hatte mein Mobilar von den Wänden abgerückt und über den ganzen Boden Dinge verstreut. Irgendwo unter diesem Durcheinander war mein Radio begraben; deshalb konnte ich nur mit Mühe an es herankommen. Bevor ich mich an die Arbeit machte, schaltete ich das Gerät ein, in der Überzeugung, nun klassische Musik zu hören, denn der Sender, der normalerweise eingestellt war, sendete nur klassische Musik. Anscheinend hatte in der Zwischenzeit jemand das aktuelle Programm eingestellt. Also hörte ich die »Frauenstunde«. Eine Frau, die in Bhutan gewesen war, wurde interviewt. Da mich das interessierte, fing ich mit dem Anstreichen an, und der Sender blieb den ganzen Tag über eingeschaltet. Das ging drei Tage so weiter, genauso lange, wie ich mit dem Anstreichen beschäftigt war, und in diesen drei Tagen hörte ich eine Menge Neuigkeiten. Danach machte ich mir große Sorgen über meine Zukunft. Das Leben in Großbritannien würde sich innerhalb der nächsten Wochen vermutlich drastisch verschlechtern. Die wirtschaftliche Lage schien so katastrophal zu sein, daß es mir als zweifelhaft erschien, ob ich mein Referendarjahr überhaupt würde beginnen können – vielleicht müßte ich ja mein Stipendium zurückzahlen und würde zum Verteilen von Lebensmittelkarten herangezogen. Doch das Leben ging wie gewohnt weiter. Furchtbare Greueltaten geschahen und wurden wieder vergessen, doch schien so etwas immer nur in anderen Ländern stattzufinden.

Einige Jahre später hörte ich wieder einmal diesen Nachrichtensender, und eigenartigerweise hörte ich so ziemlich das gleiche wie beim erstenmal. Die geschilderten Ereignisse waren ebenso widerwärtig wie damals, und auch diesmal war ich zutiefst erschüttert über die Unmenschlichkeit und all das furchtbare Leid in der Welt. Ich merkte nun, daß solche Nachrichten eigentlich hauptsächlich die Funktion haben, die Bevölkerung ruhig zu halten. Wir werden mit Katastrophen bombardiert, damit ein zweifelhafter Status quo aufrechterhalten bleibt. Die Nachrichten bestätigen uns in unserer Sicht, daß die Welt um uns herum gärt und brodelt, wir selbst jedoch relativ unbehelligt bleiben werden – unsere Regierung wird schon für uns sorgen.

Das ständige Bombardement mit Nachrichten wirkt sehr verwirrend. Wir sind dankbar für den Komfort, den wir zu genießen glauben, und stumpfen gegenüber den Problemen in der restlichen Welt ab. Die schrecklichen Fernsehbilder einer Welt im Aufruhr werden zur Staffage und haben keinerlei Wirkung mehr auf uns. Die Leiden der Welt werden auf gefährliche Weise immer mehr zu einer totalen Abstraktion. Deshalb fühlt sich unser alter Herr mit seiner Zeitung auch ziemlich sicher – sie stellt keine Bedrohung für ihn dar. Sie erinnert ihn nur daran, daß alles in Ordnung ist und daß sich *nichts* verändert. Die Erdelementpersönlichkeit kommt dem Bild eines vergreisten viktorianischen Vaters sehr nahe. Es ist aber nicht nur eine Frage der Senilität. Menschen unter dem prägenden Einfluß des Erdelements gibt es in jeder Altersstufe. In diesem Geisteszustand kritisieren wir jedes Abweichen von der Norm, weil es unser Gefühl der Solidarität und Sicherheit bedroht. Wir haben verlernt, Dinge in Frage zu stellen, unsere Sensibilität der Welt gegenüber ist erstarrt. Der Erdelementcharakter ist hart und verkrustet, unflexibel, körperlich unbeweglich und humorlos – man sieht ihn nie Tränen der Freude oder des Kummers vergießen.

Doch trotz dieser Unnachgiebigkeit oder Verhärtung sind solche Menschen sehr verletzlich, denn da die Welt, in der sie leben, fließend und veränderlich ist, wird ihre Position ständig untergraben, und sie finden keine Ausdrucksformen für ihren wachsenden Schmerz.

Ich glaube, wir alle kennen solche Menschen. Sie sollten uns leid tun. Vielleicht können wir uns daran erinnern, daß auch wir einmal so oder zumindest so ähnlich gewesen sind. Mittlerweile ist bei uns vielleicht der Einfluß des Elements Wasser dominierender – dieses Element werden wir uns als nächstes anschauen.

Obwohl Erde dunkel und einengend ist, ist sie doch auch die Grundlage des Wachstums. Nur durch das Zusammentreffen von Erde und Wasser können die Saaten aufbrechen, und nachdem sie starke Wurzeln entwickelt haben, steigen die Schößlinge aus ihrem dunklen Ursprung empor.

Wasser – Chu (Chu)

15 Wasser

Über dem festen Würfel der Erde befindet sich die flüssige Kugel des Wassers. Dies ist die natürliche Form, die Wasser annimmt, wenn es vom Zerren der irdischen Schwerkraft befreit wird. Die kugelförmige Qualität ist Teil unserer Alltagserfahrung. Als Kinder haben wir damit gespielt: Wir haben mit Wasser gespritzt, haben beobachtet, wie Wasser von Eiszapfen herabtropfte und wie es kochte, und wir haben zarte, schillernde Blasen daraus geblasen oder Steine auf die glatte Oberfläche eines Teiches geworfen, um die Wellen zu beobachten, die sich im Wasser ausbreiteten. Die Natur des Wassers ist uns keineswegs fremd.

Nachdem wir den Erdelementzustand des Geistes losgelassen haben, können wir die subtileren Bereiche jenseits dieses Zustandes erkunden, bis hin zum Wahrnehmungshorizont unserer neugefundenen Fähigkeiten. Dieses Experimentierfeld ist unser Eintritt in den Geisteszustand des Wasserelements. Wir winden uns nun nicht mehr schwerfällig im urzeitlichen Morast – unsere Quallenmentalität ist durch zarte Flossen erweitert worden, die die Bewegung erleichtern.

Wasser ermöglicht Bewegung, es fließt aus eigener Kraft und es fließt mit den Umständen. Die Meere und Ozeane unseres Planeten reagieren auf die Kraft des Mondes mit ihrem Gezeitenwechsel und auf die Kraft des Windes mit Wellen und Stürmen. Die Reaktion der Bäche und Flüsse auf die Erde ist, rasch auf den niedrigsten Punkt zuzufließen. Wasser reagiert auf die phänomenale Welt, indem es in einem Kreislauf zu seinem Ursprung zurückkehrt.

Verglichen mit der Erde hat Wasser einen differenzierteren Kontakt zu den Oberflächen, mit denen es in Berührung

kommt. Die Gezeiten, die gegen die Küsten plätschern, umfangen jeden Felsen und jeden Kiesel – jede Oberfläche wird vollständig *berührt.* Bei Ebbe bleibt auf jeder Kontur ein gleichmäßiger Film von Feuchtigkeit zurück. Die Flut durchdringt den Sand, und der Sand geht den Weg des geringsten Widerstandes, indem er seine Dichte anpaßt.
Wasser läßt einen vagen Lichtschimmer seine Tiefen durchdringen, doch da wir noch am Anfang unserer Erforschung stehen, denken wir auch nicht ein einziges Mal daran, nach oben zu schauen.
Die Bewegung des Wassers und die im Wasser möglichen Bewegungen stellen jedoch keine besonders große Erweiterung unseres Bewußtseinsspektrums dar. Es ist, als hätten wir uns aus dem dunklen Schoß der Erde erhoben und befänden uns nun in einem dunklen, feuchten und trostlosen Verlies oder auf dem Grund eines sehr tiefen Brunnens. Im Geisteszustand des Wasserelements lernen wir, mühelos auf und ab zu gehen wie in einem Gefängnis, und so besteht unser Erforschen der Umgebung in einer Art Blindekuhspiel.
Wir untersuchen die Oberflächenstruktur der Wände mit den Fingern und sind völlig gefesselt von der Merkwürdigkeit des Gefühlten. Wir vergleichen verschiedene Oberflächenstrukturen und vermögen selbst bei intensivster Dunkelheit die Launen der Form zu erraten.
Dies erinnert mich an Menschen, die vergleichende Religionswissenschaft studieren und nie selbst eine der vielen Methoden praktizieren, die sie studiert haben. Sie lernen immer mehr über immer weniger und sind schließlich völlig verstopft von all der Theorie. Sie haben zwar nichts Wesentliches verstanden, können aber über alles stundenlang reden. Ein Getränk kann man nur erfahren, indem man es trinkt, nicht indem man seine Farbe und die Form des Glases, in dem es sich befindet, mit der Farbe anderer Getränke und mit der Form der Gläser, in die sie gegossen werden, vergleicht.
Der Geisteszustand des Wasserelements umfaßt nur wenig Möglichkeiten. Unsere Augen sind offen, doch können wir nicht viel anfangen mit dem, was wir sehen. Unser Blick wird

nicht nach oben gelenkt in Regionen, die unsere neugierigen Finger nicht ertasten können.
Anfangs forschen wir nur zaghaft, ziemlich vorsichtig und immer dicht am Boden. Wir achten darauf, daß Hände und Füße ständig in engem Kontakt mit etwas Festem bleiben. Irgendwann stehen wir auf, zugleich beunruhigt und freudig erregt darüber, daß wir so viel Raum haben. Die Freude hält jedoch nicht lange an, denn in Schulterhöhe sind die Wände nicht viel anders als in Bodennähe. Wir würden gerne Gebrauch machen vom Raum, den wir gefunden haben, doch wir wissen nicht viel damit anzufangen.
Wir können uns immer schneller von Wand zu Wand bewegen, doch die Möglichkeiten des Erforschens sind bald erschöpft – wir können in diesem Raum nicht viel mehr tun, als schießlich der Langeweile nachzugeben – wir legen uns hin und entspannen uns. Doch dann geschieht etwas Seltsames: Wir haben unser zwanghaftes Untersuchen altbekannter Formen vergessen und in unserer Umgebung einen Aspekt entdeckt, den wir bisher noch nicht bemerkt hatten, etwas absolut Neues. Oberhalb von uns geht etwas vor, das in keiner Hinsicht dem ähnelt, das wir kennen. Wir entdecken dort eine Art von Helligkeit, die intensiver wird, wenn wir uns ihr öffnen. Plötzlich erkennen wir, daß es mehr in unserem Leben und in unserer Welt gibt, als auf dem Boden herumzukriechen, unsere eigenen Exkremente zu untersuchen, in den Nebel unseres Gefängnisses zu starren und unser Territorium zu sichern. Wir entdecken, daß viel mehr vorgeht und daß wir wesentlich mehr tun könnten, als uns ständig mit unseren Beschränkungen zu identifizieren.
Die Persönlichkeit des Wasserelements findet man bei Menschen, deren Lebensstil eine gewisse Lockerheit kennzeichnet. Sie verändern gerne von Zeit zu Zeit ihre Gewohnheitsmuster. In diesem Geisteszustand wissen wir, was wir mögen, und genießen es so lange, bis wir seiner überdrüssig geworden sind; erst dann wechseln wir zu etwas anderem über. Wir sind immer interessiert, das Spektrum unserer Vergnügungen zu erweitern – wir wollen den neuesten Disco-Tanz erlernen, wir

wollen Musik nach dem neuesten Modetrend kaufen. Wir wollen auf eine ganz neue Art Urlaub machen, aber es muß an einem Ort sein, »wo alle hingehen«. Wasserelementcharaktere sind überzeugte Verfechter jedes neuen Modetrends. Sie haben die Veränderung sozusagen für sich gepachtet. Sie überschreiten jedoch nie die sicheren Grenzen der jeweiligen Mode, sondern stürzen sich wie Lemminge kopfüber in Banalitäten. Wenn solche Menschen zurückdenken und sich daran erinnern, wie sie vor ein paar Jahren waren, sagen sie vermutlich: »Wie habe ich nur jemals so herumlaufen können!« In einigen Jahren werden sie dies wahrscheinlich über ihre heutigen Gepflogenheiten sagen.

Ähnlich ist es, wenn sie sich einer Religion anschließen: Sie lernen auch in dieser Hinsicht meist nicht mehr aus ihren Erfahrungen als im Bereich der Mode – es ist auch nichts weiter als eine neue interessante Beschäftigung für sie. Sicherlich kennen wir alle diesen Charaktertyp. Bestimmt fallen uns entsprechende Beispiele aus unserem eigenen Leben und aus dem Leben anderer ein. Ich traf einen solchen Menschen einmal in einem buddhistischen Zentrum, als ich dort einen Kurs leitete. Er saß in der Küche und diskutierte heftig mit einem jungen Mann. Er tadelte ihn wegen seines oberflächlichen Praktizierens und seiner laschen Moral. Der Jüngere versuchte, sich mit der Begründung zu verteidigen, im Buddhismus gehe es doch darum, sein Bestes zu tun. Doch das Beste war in den Augen des Älteren offenbar nicht genug. Der Jüngere war ziemlich aus der Fassung, nicht nur wegen des »spirituellen« Angriffs auf seine »undisziplinierte« Lebensweise, sondern auch wegen der Heftigkeit der Aggression, die ihn traf. Er versuchte, sein Ansehen in den Augen des anderen mit Hilfe einer alten Zenweisheit wiederherzustellen: »Der Mensch, der nicht auf dem Pfad ist, hat Sinne wie ein Rudel gieriger Wölfe – der Mensch auf dem Pfad hat ebenfalls Sinne wie ein Rudel gieriger Wölfe, aber diese werden mit Mißbilligung betrachtet.« Den Älteren schien dieser Zenspruch überhaupt nicht zu beeindrucken – falls es überhaupt einer war. Er fuhr mit seiner Strafpredigt über Karma und andere einschlägige Themen fort.

Die ganze Angelegenheit erschien mir für beide Seiten sehr traurig. Der Ältere tat mir leid, weil er eine durchaus gute Theorie als Waffe benutzte. Im fehlte offenbar jedes Gefühl für Freundlichkeit und Angemessenheit sowie jedes echte Interesse an Kommunikation. Sein Buddhismus war eine Tüte voller Klischees, die er sich zusammen mit seinem neuen Enthusiasmus zugelegt hatte. Der Jüngere tat mir leid, weil sein Interesse an der Spiritualität erst kürzlich erwacht war und weil er sich nun infolge der harten Kritik herabgewürdigt und deprimiert fühlte. Später sprach ich mit ihm und erfuhr dabei eine Menge über ihn. Er war ein interessanter, begeisterungsfähiger junger Mann, der gerade erst damit begonnen hatte, nach dem Sinn seines Lebens zu suchen, und was er wirklich brauchte, war Ermutigung. Indem er in dieses Zentrum gekommen war, hatte er sich in eine riskante Lage gebracht; er befand sich in einem Niemandsland: Seine alten Freunde hatte er verloren und neue mußte er erst finden. In dieser schwierigen Situation brauchte er vor allem einen freundlichen Menschen, mit dem er reden konnte.

Ich traf den Älteren einige Jahre später auf dem »Festival of Mind, Body and Spirit«. Er hatte Frau und Kinder verlassen und war Mitglied einer ziemlich dubiosen, sektenartigen Gruppe geworden. Er verteilte jetzt Flugblätter, die die freie Liebe als eine Möglichkeit propagierten, Menschen auf den Weg zu Gott zu bringen. Sein eigenes Geschwätz über Karma hatte er offenbar vergessen.

Wahrscheinlich gibt es viele solcher Geschichten, und sicher werden einige Leser sich an ähnliche Erlebnisse erinnern.

Wasser ist zähflüssig und anhänglich, doch ist es auch der Ausgangspunkt für das Emporsteigen. Nur wenn Wasser und Feuer zusammentreffen, können Pflanzenschößlinge in eine neue Dimension emporwachsen und sich zu Blüten von strahlender Schönheit entwickeln.

Feuer – Me (Me)

16
Feuer

Über der Kugel des Wassers befindet sich der Kegel des Feuers. Feuer ist kegelförmig oder dreieckig, weil es von einer Basis aufwärtsstrebt und dabei immer schwächer wird, bis an der Spitze nur noch zarte, flackernde Zungen übrigbleiben.

Feuer ist dynamisch und in gewissem Sinne rücksichtslos und unbändig, obwohl es sich an vorhandene Einschränkungen anpaßt. Feuer ist eine enthusiastische Energie, die sich auf Kosten ihrer Umgebung nach oben bewegt. Es hat etwas Unersättliches, Manisches – wie von einer wilden Leidenschaft getrieben, als wolle es sich mit dem Himmel zum Liebesspiel vereinen. Unterschiedslos verbrennt es alle Objekte seiner Faszination und braucht ständig neuen Brennstoff. Feuer ist hell, prachtvoll und lebendig, aber auch obsessiv und destruktiv. Mit seinem angeborenen Enthusiasmus übernimmt es sich ständig – oft entfernen sich riesige Flammenzungen so weit vom Flammenherd, daß sie die Verbindung zu ihm verlieren und sich ins Nichts auflösen. Um aufsteigen zu können muß Feuer die Elemente unter sich erschöpfen. Deshalb ist Feuer begrenzt – die Spitze ist völlig abhängig von der Basis. Ist sein Brennstoff verbraucht, so stirbt das Feuer. Da es so besessen vom Aufsteigen ist, versäumt es, rechtzeitig seinen Brennstoffvorrat zu ergänzen, und erschöpft sich. Nie könnte es die ganze Welt zu Asche verbrennen, denn seine Sicht ist zu eng. Es ist ein kurzlebiges Phänomen, das ständig unbefriedigt bleibt.

Im Geisteszustand des Feuerelements zeigen sich erste Funken freudiger Erregung. Wir haben soeben entdeckt, daß unser Gefängnis kein Dach hat. Diese neue und faszinierende Vorstellung weckt den Abenteuergeist in uns – wir möchten uns im Aufruhr des Entdeckens verzehren und springen in das

Feuer dieses neuen Auftriebs. Wir springen und sehen den Himmel! Feine Federwolken verändern unentwegt ihre Form, und manchmal geraten auch massive Haufenwolken in unser Blickfeld. Vögel fliegen durch die Luft – geschwätzige Spatzen und erhabene Adler, die in diesem für uns so unendlich mysteriösen Element mühelos dahingleiten. Wir versuchen, uns dem Geschauten zu nähern, indem wir an den Gefängniswänden Halt suchen, doch wir rutschen ab. Etwas weiter oben sind bessere Steinvorsprünge, aber es scheint unmöglich, sie zu erreichen, selbst wenn wir mit ganzer Kraft springen würden. Alles, wonach wir streben, liegt außerhalb unserer Reichweite, und das ist, gelinde gesagt, teuflisch frustrierend.

Wir versuchen auf verschiedene Weise, diese neue Dimension zu begreifen, indem wir unsere Eindrücke über sie festhalten. Manchmal ist es hell, dann wieder dunkel, und es gibt Zeiten, in denen der eine Zustand allmählich in den anderen übergeht. Wenn es dunkel ist, sehen wir winzige funkelnde Lichtpunkte, Sterne, deren Stellung sich im Laufe der Nacht sehr langsam verändert und noch langsamer im Wandel der Jahreszeiten. Auch Sonne und Mond trifft unser Blick, und mit jedem neuen Objekt, das wir sehen, wird das Bild, das sich uns darbietet, komplizierter – es ist äußerst verwirrend! Wenn wir nur hinaufsteigen könnten – wenn wir das Ganze sehen könnten, würden wir vielleicht seine Bedeutung verstehen. Vielleicht wären wir dann *ganze Wesen* und würden das Ganze begreifen – es wäre dann unser, und wir könnten es lenken.

Unvermeidlich trägt alles, was wir sehen, nur zu unserer Qual bei. Jedesmal, wenn wir etwas begriffen haben, taucht ein neues Mysterium auf. Wir sehen uns ständig direkt an der Schwelle größeren Wissens, doch unerklärlicherweise wird es uns immer wieder versagt. Es ist, als würden wir auf Zehenspitzen stehen und versuchen, ein unbezahlbares Objekt zu erreichen, und jedesmal, wenn es uns fast gelungen ist, wird uns der Teppich unter den Füßen weggezogen, und wir landen als jämmerliches Häufchen Elend auf dem Boden. Unsere freudige Erregung ist nicht in Kontakt mit dem realen Geschehen. Sie hat zuviel mit Hunger und Verzweiflung zu tun. Unser

Wunsch, mehr zu sehen, ist zu einer drängenden Fixierung geworden, und mit unseren rücksichtslosen Versuchen, »näher« an dieses »Geheimnis« heranzukommen, fügen wir uns selbst ständig Verletzungen zu.

Erschöpft von diesem Kampf, können wir die Intensität unseres Suchens schließlich nicht mehr aufrechterhalten. Vielleicht setzen wir uns in unserer Erschöpfung einfach auf den Boden und entspannen uns. Im Moment des Aufgebens ist manchmal plötzlich eine schwache Ahnung da – ein kurzer Augenblick der Offenheit und der Erkenntnis des Inneren Raums. Wenn wir mit diesem Raum in Kontakt treten, erkennen wir vielleicht, daß es andere Möglichkeiten des Erforschens gibt. Wir könnten merken, daß die Wände unseres Gefängnisses nicht ganz so massiv sind, wie wir bisher geglaubt haben. Schließlich waren diese Mauern die Grenzen unserer Welt; sie hätten daher ohne weiteres tausend Meilen dick sein oder sich sogar bis in die Unendlichkeit erstrecken können. Bei unseren zaghaften Versuchen, uns verstohlen zu unserem rücksichtslosen und hemmungslosen Springen und Klettern durchzutasten, haben wir tatsächlich hier und da ein paar Steine entfernt. In einigen Spalten blitzen Lichtschimmer auf. Plötzlich kehrt unsere Energie zurück; wir arbeiten uns von den gelockerten Steinen aus weiter vor. Wir brauchen weder hart noch schnell zu arbeiten, und wir haben einen gewissen Respekt für diese neue Möglichkeit entwickelt. Uns erfüllt eine ehrfürchtige Erwartung, was wir wohl vorfinden werden. Unser Suchen wird nicht von einer vorgefaßten Meinung über das Ergebnis geleitet.

Wir betrachten uns selbst, unsere Welt und unsere Beziehung zu ihr jetzt auf eine völlig neue Weise und gehen ganz anders damit um. Wir können nun geduldig und gründlich sein. Wir arbeiten sorgfältig, denn wir wissen nicht im geringsten, was uns erwartet. Unser Vorgehen erinnert an das eines Archäologen, der mit einer feinen Zobelhaarbürste arbeitet, um die Kostbarkeiten nicht zu beschädigen, die sich unter dem Sand im Inneren der Pyramide verbergen könnten. Offenbar sind die Gefängniswände an manchen Stellen weniger undurch-

dringlich als an anderen. Dies bestärkt uns in unserer Zielstrebigkeit – wir gehen direkter und genauer vor. Wir lernen die Eigenschaften der Wände genauer kennen und finden die beste Methode heraus, die Steine zu lockern. Auch die Eigenschaften der Steine werden uns vertraut, soweit das für uns wichtig ist. Wir entdecken beispielsweise, daß sich einige dieser Eigenschaften unserem fieberhaften Wunsch zu manipulieren völlig entziehen. Schon bald ist eine Öffnung entstanden, die wir so lange vergrößern, bis wir vor der Entscheidung stehen, ob wir hinausklettern wollen oder nicht.
Die Feuerelementpersönlichkeit besitzt eine starke nervöse Energie. Oft ist es ziemlich riskant, mit solchen Menschen Umgang zu pflegen. Sie greifen Gelegenheiten gerne beim Schopf, leben schnell und hemmungslos und ziehen andere häufig in ihre gewagten Unternehmungen hinein. Sie hängen ebenso an ihren Mustern wie Erd- und Wasserelementcharaktere, doch tun sie das nur, um dann von ihnen abweichen zu können. In diesem Geisteszustand wollen wir die ausgefallensten Speisen in den phantastischsten Kombinationen und nur vom Besten essen. »Wir wissen nicht, was wir wollen, aber wir wollen es jetzt!« Wir handeln impulsiv – alles muß sofort realisiert werden. Wir tun alles mit großem Elan und mit viel Getöse, doch dann kommt uns plötzlich etwas anderes in den Sinn, das noch besser sein könnte. Wir begeistern uns ständig für Neues. Wir wollen da sein, »wo die Musik spielt«, wo es wirklich »zur Sache geht«. Wir haben das Rennen gemacht, sind der schnellste Skiläufer der Welt, doch während die Menge noch applaudiert, denken wir schon ans nächste Jahr – immer auf dem Sprung zum nächsten großen Ereignis.
Viele Menschen bewundern uns wahrscheinlich wegen dem, was wir in ihren Augen erreicht oder vollbracht haben, doch für uns ist es ziemlich hohl, denn wir haben nicht das Gefühl, daß wir auf diese Weise irgendwohin kommen oder daß wir auch nur irgend etwas tun. Alles ist äußerliches Theater, bei dem wir das eigentliche Ziel nie erreichen. Wir *sind* niemals wirklich *in* dem, was wir tun. Äußerlich betrachtet ist es eine

phantastische Show, ein Hit, innen jedoch klafft ein tiefer Abgrund, in dem das Geflüster der Frustration und des Versagens widerhallt. Nichts entwickelt sich so gut, wie es nach unserem Gefühl sein könnte oder sein sollte. Wir werden von dem furchtbaren Verdacht gequält, daß das Leben uns vielleicht wirklich nicht mehr zu bieten hat. Deshalb lassen wir unser Verhalten weiterhin vom gleichen neurotischen Energiemuster bestimmen und hoffen, eines Tages Höhen zu erreichen, aus denen wir niemals mehr herabzusteigen brauchen. Wir sind stark elektrisch geladen; persönlicher Kontakt mit uns kann gefährlich sein – enge Freunde und Geliebte handeln sich Verbrennungen dritten Grades ein, wenn sie mit uns in Berührung kommen. Am Ende schließen wir uns selbst kurz, doch bis dahin ist jeder folgende Berg, den wir ersteigen, stets höher als der vorige – wir suchen immer schwierigere Wände. Unser nächstes Auto wird schneller sein; unser nächster Liebhaber könnte die Erde ins Wanken bringen – vielleicht kommt es sogar zu jener riesigen Flutwelle, die wir aus Filmen kennen. Wir streben mit aller Kraft nach Gipfelerlebnissen – selbst auf die Gefahr hin, daß uns dies umbringen könnte.

Diese Geschichte hat viele Varianten. Wenn wir kein Athlet, Bergsteiger, Gehirnchirurg, Wissenschaftler oder Stuntman sind, spielen wir vielleicht eine gesellschaftlich weniger akzeptierte Rolle. Wir könnten ein »Outlaw« sein, ein Glücksspieler oder ein waghalsiger Drogenfreak auf der Suche nach der »absoluten« Halluzination, die *alle* Fragen beantwortet. Ebenso könnten wir ein Gangster sein, ein Berufskiller, ein Waffenschmuggler oder ein Söldner. Die nächste Stufe wäre die des Psychopathen oder des hemmungslosen Massenmörders.

Im religiösen Bereich könnten wir ein Fanatiker sein – wir hätten beispielsweise ein glühender Verfechter der spanischen Inquisition sein können. Wir hätten uns an den Hexenjagden beteiligen können, getrieben vom fieberhaften Verlangen, jeden aus jedem nur erdenklichen Grund zu verbrennen. Wir könnten ein spiritueller Extremist sein, der sich auf die Abtötung des Fleisches spezialisiert hat, oder ein Bußprediger, der der zitternden Gemeinde Feuer und Schwefel entgegen-

schleudert und die Welt zu seinem Glauben zu bekehren versucht. Es macht uns »high«, andere zur Raserei zu treiben. Wir nähren uns von dieser Energie. Man könnte diese Beispiele endlos fortsetzen. Wahrscheinlich haben viele Menschen, die wir bewundern, einige der hier beschriebenen Eigenschaften – wir alle streben nach Gipfelerlebnissen. Manche von uns versuchen, sie selbst zu erleben, andere ziehen es vor, darüber zu lesen oder sie aus sicherem Abstand zu beobachten – sie leben von den Ersatz-»Highs« des Kinos und der Literatur. Wahrscheinlich wollen wir alle Helden oder Heldinnen sein. Einige von uns sind es möglicherweise sogar zeitweilig – wir alle haben diese Energie. Doch vielleicht gibt es noch eine andere Art zu sein, bei der man den Gipfel findet, ohne ihn wirklich anzustreben – man sucht ihn nirgendwo anders als dort, wo man ist – im Hier und Jetzt. Wenn wir die Neurose des Suchens erschöpfen und auf den Gedanken kommen, unseren »Gipfel« innerhalb unseres Seins zu suchen, treten wir in das Reich des Elements Luft ein.
Feuer ist eine zügellose, gefräßige Energie, doch ist es auch die Basis unseres Wissensdurstes. Erst das Zusammentreffen von Feuer und Luft läßt Pflanzen Früchte in vielen bunten Farben hervorbringen, die in der Sonne reifen.

17
Luft

Über dem Kegel des Feuers erhebt sich die Mondsichel der Luft. Luft wird durch eine Mondsichel symbolisiert statt durch den Vollmond, weil wir noch nicht am Ende der Geschichte angekommen sind, obwohl es vielleicht so aussehen mag. Luft lehrt uns viel über Freiheit, doch die gesamte, unendliche, grenzenlose Bedeutung der völligen Freiheit ist noch getrübt – sie steht noch nicht im vollen Licht.

Luft bewegt sich an der Oberfläche unseres betörend schönen, magischen Planeten in jede Richtung. Sie untersucht die übrigen Elemente ohne Furcht, von ihnen verseucht zu werden. Sie untersucht mit viel größerer Freiheit, als für die Erde je vorstellbar wäre. Die Erde ist statisch und rigide, und ihr Vorstellungsvermögen geht nicht über ihre eigenen Grenzen hinaus. Man könnte vom Luftelement sagen, daß es weit jenseits der wildesten Träume der Erde steht – nur hat die Erde nicht gerade wilde Träume, nicht einmal zu ihren besten Zeiten.

Die Luft forscht mit größerer Freiheit als Wasser, denn obwohl das Wasser einen direkteren Kontakt herstellt als die Erde, hüllt es seine Untersuchungsobjekte ein und bleibt in gewisser Hinsicht ihnen gegenüber blind. Es unterdrückt und erstickt sie.

Luft untersucht mit größerer Freiheit als Feuer, denn Feuer unterhält zwar eine äußerst intime Beziehung zu all seinen Untersuchungsobjekten, verzehrt sie aber, um Brennstoff für weitere Untersuchungen zu gewinnen, und lernt sie niemals richtig kennen. Feuer ist mehr auf Zwang als auf Anerkennung aus – eher auf Vergewaltigung denn auf Liebesspiel.

Luft überfliegt Oberflächen und hinterläßt dabei oft nicht die geringste Spur. Zwar kann Luft auch ein destruktiver Sturm

Luft – Lung (rLung)

sein, ein Orkan oder ein Tornado, doch werden wir hier nicht über diese dramatischen Formen sprechen, denn die meisten von uns erleben diese gewalttätigen Aspekte des Elements Luft selten – die milderen Formen sind uns vertrauter. Wir kennen starke Winde, die uns beleben – von ihnen heißt es, daß sie »Grillen vertreiben«. Noch besser kennen wir leichte Winde und sanfte Brisen, die mit den Blättern der Bäume spielen. Der sanfte Tanz eines solchen Windes mit den Bäumen verändert nur wenig – wenn dabei ein Blatt fällt, dann deshalb, weil es in der Natur des Blattes liegt, irgendwann zu fallen. Wir können den Wind nicht dafür verantwortlich machen. Wenn wir das lebhafte und gleichzeitig sanfte Fallen der Blätter im Herbst beobachten, wissen wir, daß die Zeit dafür gekommen ist – der Wind ist nicht die alleinige Ursache.

Luft braucht nicht wie Feuer eine solide Grundlage und ist deshalb auch nicht auf seinen Ursprung fixiert. Genaugenommen hat Luft gar keinen Ursprung, nur eine Bestimmung.

Niederdruckgebiete saugen den Wind von Hochdruckgebieten ab – doch wir wollen hier nicht zu meteorologisch werden. Die Luft wird von der Welt kaum gehindert. Sie kann nicht alles durchdringen, doch das macht dem Wind wenig aus – es beeinflußt ihn nicht in seiner Richtung. Luft ist leicht und unsichtbar, wenn sie nicht Staub oder Rauch mit sich führt; wenn sich jedoch etwas an sie zu heften versucht, fällt es unweigerlich wieder hinab. Luft ist subtil und überall präsent – unsere Welt hat eine in sich geschlossene Atmosphäre, die sich in phantastischen Mustern bewegt, je nachdem, welche Windrichtung vorherrscht.

Der Geisteszustand des Luftelements ist durch große Freiheit gekennzeichnet – er forscht einfühlsam und anmutig, aber auch sehr direkt und unfehlbar präzise. Wir haben unser Gefängnis mit einem gewissen Grad an Umsicht und Verständnis verlassen – wir haben Steine entfernt und sind durch das so entstandene Fenster ins Freie gestiegen. Vermutlich haben wir eine Zeitlang staunend hinausgeschaut, bevor wir den Sprung wagten – doch nun sind wir draußen, und es ist unglaublich schön. Die Welt, in der wir uns befinden, war schon immer dort; wir müssen unwillkürlich über diese Tatsache und über uns selbst lächeln. Dieses Lächeln wird immer breiter – wir schauen uns nach dem riesigen und mächtigen Kerker um, in dem wir gefangen waren, und erkennen, daß er in Wirklichkeit eher winzig ist und in der Landschaft kaum auffällt. Er ist schon ziemlich altersschwach und wird bald einstürzen und völlig auseinanderfallen – er ist aus biologisch abbaubarem Material gemacht und wird irgendwann in der umliegenden Landschaft verschwinden. Wenn wir entdecken, daß wir selbst unser Gefühl des Unerfülltseins geschaffen und es nur durch permanente Bemühungen aufrechterhalten haben, müssen wir vielleicht schallend loslachen! Es ist schon zu komisch: Wir haben dieses Mauseloch selbst gebaut. Unser Gelächter ist so gesund, daß die ohnehin kläglichen Überreste des bizarren kleinen Gebäudes unter seinem Echo zusammenfallen und nur ein Trümmerhaufen übrigbleibt.

Wir sind nun frei und können umherstreifen, wo wir wollen. Alles sieht so überaus einladend und gastfreundlich aus. Die Landschaft ist üppig und faszinierend. Doch anders als bei der Faszination des Feuerelements können wir nun berühren, ohne besitzen zu wollen – wir berühren und erfahren die unendliche Vielfalt der Oberflächenstrukturen. Wir kosten die Beeren, die in den Büschen glänzen und leuchten, als würden sie uns zuwinken. Wir riechen den wundervollen Duft der Pinienwälder, hören das Lied des Wassers und das des Windes im Geäst über unseren Köpfen. Dies alles sehen wir – so viele verschiedene faszinierende Eindrücke, es ist wirklich sehr vergnüglich! Nie zuvor haben wir so etwas gesehen – nicht einmal in den wildesten Träumen des Feuerelementgeisteszustandes. Wir wissen nicht, wohin wir zuerst schauen sollen, doch alle Zeit der Welt steht uns zur Verfügung, und der Welt steht all unsere Zeit zur Verfügung. Es ist eine Beziehung, ein Tanz, und wir empfinden Gleichheit und Freundschaft allen Wesen gegenüber.

Dies ist ein sehr freier Zustand, denn wir fordern nicht und wollen nicht beherrschen. Wir sind hingerissen – bezaubert von den wunderbar grünen wogenden Hügeln, die sich bis zum Horizont erheben, Reihe um Reihe in abgestuften Grünschattierungen. Hinter ihnen ragen majestätisch blaue Berge empor; sie scheinen die Bläue des Himmels zu durchdringen. Ihr Anblick ist atemberaubend. Unberührter Schnee schmückt sie und reflektiert die wechselnden Farben des Himmels. Manchmal sind sie von Wolken umkränzt, manchmal von geheimnisvollen wirbelnden Nebeln verschleiert. Während die Sonne auf- und dann wieder untergeht, verfärbt sie sich von üppigem vollem Gelb zu Weiß-Gold, bis sie über Orange in verführerischen Rottönen verblaßt. Alles spricht ganz persönlich zu uns – wir erfahren mit ungeheurer Schärfe das Blaue des Blaus, das Weiße des Weiß, das Gelbe des Gelbs, das Rote des Rots und das Grüne des Grüns. Die Schattierungen und Tönungen sind von unendlicher Vielfalt. Jede Farbe scheint die übrigen vier Farben zu enthalten, und jedes Element scheint von jedem anderen Element durchdrungen zu werden. Wir können all dies genießen, weil wir nicht so besitzergreifend sind, wir können jede Situation frisch entstehen lassen und ohne jedes Bedauern zulassen, daß sie sich wieder auflöst.

Wasserfalle und Katarakte, Flüsse, Wasserläufe und Bäche umgeben uns, deren nie endendes helles Plätschern die Luft mit Musik erfüllt. Im glitzernden Wasser der Teiche und Seen schimmern die Flossen und Schuppen goldfarbener Fische. Manchmal tanzt das Wasser mit dem Wind, manchmal ist es glatt und klar und spiegelt die Weite des Himmels. Tiere grasen, tollen im Grün oder ruhen im Schatten der Bäume. Sie rennen, springen oder hasten aus unserem Sichtfeld – doch unzählige neue tauchen auf. Aus den hohen Blätterkronen der Bäume trällert Vogelgesang zu uns herab und erfüllt die Luft, vermischt mit der ulkigen Konversation der Frösche im Schilf am Seeufer und mit dem fast unhörbaren leichten und zarten Flattern der Schmetterlinge. Alle unsere Sinne sind verzaubert. Im Geisteszustand des Luftelements sind wir frei und fast uneingeschränkt – doch bleibt eine letzte subtile Begrenzung. Die Möglichkeit, unsere Offenheit und Freiheit über diesen Punkt hinaus auszudehnen, erscheint uns als unvorstellbar –

völlig unfaßbar. Kein irdisches Bezugssystem läßt zu, daß wir uns eine so zutiefst erschreckende Möglichkeit auch nur vorstellen, es sei denn, wir tun dies aus der Erfahrung des Inneren Raums heraus. Deshalb müssen wir uns von unserem Gefühl der Freiheit befreien. Das klingt vielleicht paradox, aber eben jene erstaunliche Freiheit der äußeren Lebensbedingungen schränkt uns ein. Unser Anhaften an der Faszination läßt uns in unserer Wahrnehmung schwelgen, ohne daß wir uns dem nicht-bedingten Raum öffnen, in dem die Wahrnehmung entsteht. Unsere Faszination verdeckt ein subtiles Gefühl der Angst, Spuren von Langeweile, Spuren von Zweifel, ja sogar schwache Spuren von Furcht. Wenn wir diese subtile Bestürzung verspüren – wenn wir die Konfrontation mit unserer Verwirrung angesichts der bloßen Vielfalt der wahrgenommenen Phänomene zulassen, erschöpft sich unser Bedürfnis, weiterhin Beobachter dieses unermeßlichen Wahrnehmungsinputs zu bleiben. Gelingt es uns in diesem Zustand, uns zu entspannen, so erkennen wir, daß sich der letzte Rest unseres Gefängnisses immer noch unter unseren Füßen befindet.

Als wir unser Gefängnis verließen, glaubten wir, wir hätten uns von Gefangenschaft und Sklaverei verabschiedet, doch nun wird uns klar, daß es letztlich kaum einen Unterschied macht, ob wir auf der einen oder auf der anderen Seite der Mauer stehen. Die ganze Welt ist uns zum Gefängnis geworden. Dies übertrifft wirklich alles, worüber wir je gelacht haben, es ist der unglaublichste Witz, den es je gab. Uns dämmert, daß wir alles zu einem Gefängnis machen können, je nachdem, ob wir es manipulieren und zu einem Bezugspunkt machen oder nicht. Wir erkennen, daß wir jeder Situation ermöglichen können, sich zu befreien, einfach indem wir unsere Bezugspunkte loslassen.

Wenn es uns in diesem Stadium gelingt, die Unsicherheit zu *umarmen*, gibt uns der Boden keinen Halt mehr, und die dynamische Weite des Raumes öffnet sich für uns. Wir können uns ungehindert in jede Richtung bewegen. Unsere Faszination ist freie, nicht anhaftende Faszination – absolute Wertschätzung, die in Einklang mit allem schwingt. Die Wahrnehmung verschmilzt mit ihren Objekten zum vereinigten Sein, und wir erkennen sofort, daß es immer so gewesen ist. Die Grenzen lösen sich auf, und die Subjekt/Objekt-Dichotomie verschwindet im natürlichen Spiel der nicht-bedingten Potentialität.

Luftelementpersönlichkeiten sind sehr machtvoll und interessant. Man findet sie in allen Kulturen, oder zumindest hat es sie in allen Kulturen einmal gegeben. Wo immer sie auftauchen, werden sie als besondere Menschen erkannt. Manche sind tatsächlich sehr spezielle Menschen: Mystiker, Lamas, Medizinmänner, Schamanen, Sufis, Zauberer, Hexen, Hexendoktoren, Hexenmeister, Magier, Yogis, Yoginis, Seher und Heilige. Es gibt noch viele andere Namen für sie, denn sie waren in allen Kulturen zu finden, zu jedem Zeitpunkt der Geschichte. Es ist nicht einfach, etwas über sie zu sagen, denn sie stehen psychologisch gesehen außerhalb der Verständnismöglichkeiten der meisten Menschen. Man kann nur beschreiben, welchen Eindruck sie hinterlassen – aber das ist nicht so einfach, denn sie wirken auf jeden Menschen anders. Einige von ihnen haben den Raum bereits entdeckt und integrieren ihn in so viele Augenblicke ihres Lebens wie eben möglich. Manche haben den Raum gerade erst entdeckt oder sind noch dabei, ihn zu entdecken.

Diejenigen, die sich gerade erst auf die Reise in die Erfahrung des Raumes begeben haben, sind eine sehr angenehme Gesellschaft – ihnen ist ein gewisses Vertrauen und eine entspannte Art zu sein eigen. Sie sind freundlich und großzügig und scheinen die Wechselfälle des Lebens mit viel größerer Gelassenheit zu nehmen als andere Menschen. Die schon weiter gereist sind, sind völlig anders. Nach meiner Erfahrung können sie sehr sanftmütig und warmherzig sein oder auch sehr streng. Manche wirken bunt oder unverschämt, doch meist enthält diese äußere Erscheinung eine wichtige Lehre. Es gibt kein Stereotyp für sie – alle sind verschieden. Doch andererseits haben sie alle auch etwas gemeinsam, das man jedoch nicht typisch nennen kann, denn es ist unmöglich, es zu imitieren – es ist einfach nicht zu definieren. Das beste scheint mir, an dieser

Stelle eine Geschichte zu erzählen; ich hoffe, sie verdeutlicht, was ich sagen will.

Als ich einmal in Tso-Pema war, einer kleinen Niederlassung im nordindischen Himalajagebiet, ereignete sich ein ziemlich seltsamer und inspirierender Vorfall.

Tso-Pema heißt auf Tibetisch »Lotus-See«. Dies ist für die tibetische Nyingma-Tradition ein sehr wichtiger Ort. Dort wollte der König von Zahor den tantrischen Buddha Padmasambhava bei lebendigem Leibe auf einem Scheiterhaufen verbrennen lassen, weil die Tochter des Königs, Prinzessin Mandarava, Padmasambhavas Schülerin und seine mystische Gefährtin geworden war. In den Schriften heißt es, Padmasambhava habe die Elemente magisch beeinflußt, woraufhin der Scheiterhaufen zum See von Tso-Pema geworden sei. Man kann sich vorstellen, daß dieses Wunder den König von Zahor sehr beeindruckt haben muß. Bestürzt nahm er Abstand von seinem Vorhaben, den zweiten Buddha töten zu lassen, und wurde zu seinem Schüler. Dieser wunderbare See ist noch heute zu sehen, und auf den ersten Blick wirkt er vielleicht nicht besonders außergewöhnlich. Doch an diesem Ort ereignet sich regelmäßig ein Wunder, das uns wahrscheinlich stärker berührt, als die Geschichte von Padmasambhavas Rettung, denn dieses Wunder geschieht noch heute.

Jedes Jahr an Padmasambhavas Geburtstag und auch an anderen wichtigen Gedenktagen seines Lebens umkreist eine kleine schwimmende Insel den See – der Rest jenes Scheiterhaufens. Es ist wirklich ein unglaubliches Schauspiel. Dies ist kein großes Geheimnis, das den Augen der weit Fortgeschrittenen vorbehalten ist oder nur ganz besonderen Menschen – jeder kann zum Zeitpunkt des Geschehens dort sein und es mit eigenen Augen beobachten. Vielleicht ist die Entscheidung, sich dieses Wunder anzuschauen, schon etwas Besonderes – wer weiß. Als ich einmal anläßlich des wundervollen Ereignisses dort war, war auch Seine Heiligkeit Dudjom Rinpoche, das Oberhaupt der Nyingma-Tradition, zugegen, und viele Ngakpas aus allen Teilen des Himalajas waren gekommen, um mit ihm zusammen zu sein. Sie alle versammelten sich im

Nyingma-Kloster des Lamas Könchog Rinpoche, um dort unter der Leitung Seiner Heiligkeit Dudjom Rinpoche Riten zu zelebrieren. Auf der einen Seite des Tempels waren die Mönche, auf der anderen die Ngakpas. Die Mönche sahen alle gleich aus. Alle trugen die gleiche kastanienbraune Kleidung, die aus einem riesigen Rock, einer Weste und einem Schal bestand, aus dem ihr rechter Arm herausragte. Der Gesichtsausdruck der Mönche jedoch war unterschiedlich – Augen und Gesichtszüge spiegelten die unterschiedliche Lebenserfahrung der einzelnen. Es waren freundliche, traurige, humorvolle, fröhliche und friedliche Gesichter, bei deren Anblick mein Herz froh wurde. Auf der anderen Seite waren die Ngakpas, alle unterschiedlich gekleidet – ein unglaubliches Sammelsurium von Typen. Manche hatten ihr Haar um röhrenförmige silberne Behälter gewunden, die auf dem Scheitel ihres Kopfes emporragten – diese Behälter werden »Takdrol« genannt, was »Befreiung durch Tragen« bedeutet; sie sind mit Bewußtseins-Zaubern und Machtsubstanzen gefüllt. Manche Ngakpas hatten riesige Haarmengen auf ihren Köpfen zusammengerollt – einigen wird nachgesagt, ihr Haar sei über fünf Meter lang. Andere hatten Haarknoten, Zöpfe und Flechten, oder ihr zerzauster Haarschopf hing einfach herab. Manche trugen die weiß-, rot- und blaugestreiften Schals der Ngakpa-Tradition, andere hatten kastanienbraune und wieder andere weiße Schals. Einige trugen riesige weiße Baumwollröcke, Shamthabs genannt, die vorne und hinten gefältelt sind, während die Shamthabs anderer kastanienbraun waren und wieder andere von der Sonne gebleichte kastanienbraune oder schwarze tibetische Serge-Chubas trugen. Manche hatten dünne Schnurrbärte, andere Kinnbärte, und einer oder zwei hatten sogar Vollbärte, was für Tibeter sehr außergewöhnlich ist. Einige trugen spiralförmige Ohrringe aus Muschelschalen, und Meditationsriemen verliefen quer über ihre Brust von der rechten Schulter bis unter den linken Arm. Sie sahen ziemlich unterschiedlich aus, doch eins war bei allen erschreckend ähnlich: ihre Augen! Alle hatten sie große, weit offene klare Augen, und diese sahen alle gleich aus. Ich fühlte mich wie unter dem forschenden Blick von Raubvögeln, aber diese Augen waren nicht raubgierig, sie nahmen einfach nur alles auf, ohne jedes Urteil. Als ich mich zu ihnen setzte, fühlte ich mich etwas zittrig, was sich jedoch bald legte, als der alte Ngakpa, der direkt neben mir saß, mich schelmisch angrinste und mich am Bart zog.

Ich glaube, das meine ich, wenn ich sage, die äußere Manifestation kann unterschiedlich sein, doch die innere Erfahrung ist die gleiche. Vielleicht haben wir schon einmal etwas von dieser Qualität bei ernsthaft Praktizierenden der verschiedensten Traditionen gespürt – vor allem bei solchen, die die Philosophie zugunsten der unmittelbaren Erfahrung aufgegeben haben. Ich nehme an, wir alle würden gerne an dieser Erfahrung teilhaben und sie zum Wohl und Nutzen aller Menschen entwickeln.

Obwohl Luft Reste von Begrenzung enthält, ist sie auch die Schwelle zum Raum. Unsere Atmosphäre wird in ihren oberen Bereichen dünner und geht schließlich in das über, was als All oder äußerer Raum bezeichnet wird. Der Raum, von dem ich spreche (der sich innerhalb unseres Seins manifestiert), könnte Innerer Raum genannt werden. Er ist Anfang und Ende von allem.

Erst in der Begegnung von Luft und Raum werden die Früchte geerntet, mit anderen geteilt und mit großer Freude verzehrt.

18
Raum

Über der Mondsichel der Luft steht der leere Diskus des Raums.

Raum ist ein Kreis ohne Zentrum und Peripherie.

Raum ist der anfangslose und endlose Ursprung von allem.

Himmel/Raum – Kha (mKha')

19

Metamorphose der Form

19

Metamorphose der Form

Wenn wir uns anschauen, wie sich die Form jedes Elements des Chörten aus dem vorangehenden entwickelt, haben wir damit eine weitere Analogie für die Entdeckung des ursprünglichen Raums vor uns.

Dem Würfel ist eine Massivität eigen, die ihn fast plump wirken läßt – seine Grenzen wirken sehr klar. Die Würfelform ist hart und kompromißlos. Die natürliche Entwicklungsrichtung des Würfels ist Expansion. Sobald er bereit ist, sich auf Kompromisse einzulassen, verschwimmen seine Kanten – die scharfen, geraden Linien krümmen sich, und die rechten Winkel verschmelzen zur homogenen Oberfläche. Der Würfel weicht auf und wird zu einer Kugel.

Die Kugel ist etwas isoliert und richtungslos, bis sie sich über ihre Peripherie hinausbewegt. Auf einer Kugel gibt es nur eine einzige Richtung – man kommt immer wieder zum Ausgangspunkt zurück. Die natürliche Entwicklung einer Kugel ist, eine Richtung zu finden, die sie über sich selbst hinausführt – der Kugelkörper wird so zu einem Kegel.

Charakteristisch für den Kegel ist, daß seine Energie sich ständig neu fokussiert – sie ist fortwährend in Bewegung. Die Intensität der Kegelenergie konzentriert sich unentwegt auf etwas, doch der Brennpunkt verlagert sich dabei vom einen Objekt zum anderen und durchdringt keines wirklich. Seine natürliche Entwicklungsrichtung geht zur entspannten Aufmerksamkeit hin. Wenn Verzweiflung und Intensität ermatten, verschwindet das Objekt der Aufmerksamkeit in der punktförmigen Gerichtetheit der Konzentration – die Strahlen des Lichts entfernen sich voneinander. Wenn wir den Kegel mit einem Lichtstrahl vergleichen, liegt eine Parallele aus

Chörten

dem Bereich der Fotografie nahe. Wären die Linsen unserer Kamera nicht so eingestellt, daß sie ein Bild ergäben – also wenn aus der Konvergenz der Lichtstrahlen keine Divergenz würde –, so bestünde unsere Diashow aus unendlich vielen weißen Punkten auf der Leinwand. Einigen Betrachtern würde das vielleicht als sehr avantgardistisch erscheinen, doch das Interesse an einer solchen Vorführung würde sicher bald erlahmen. Wenn der Kegel schließlich wieder divergiert, entsteht eine sehr interessante Form – die der Mondsichel. Die Mondsichel befindet sich immer noch im Bereich der Dualität, was ihre beiden Hörner andeuten. Charakteristisch für sie ist auch, daß sich ihre konvexe Seite ins Nichts verjüngt und daß ihre konkave Seite einladend offen ist. Diese Offenheit ermöglicht es ihr, schließlich alle Beschränkungen loszulassen. Wenn dies geschieht, hat sich die Sichel völlig zu einem zentrumslosen, strahlenden Saum von Licht geöffnet, der den inneren und den äußeren Raum durchdringt.

Wir könnten den Würfel als Körper ansehen, die Kugel als Auge, den Kegel als Sehfeld, die Mondsichel als Linse und die leere Scheibe als das Sehen.

Enthüllung der Essentiellen Natur – Ngo-dr-wa (Ngo-sbrad-ba)

20

Die Vielfalt der Analogien

20
Die Vielfalt der Analogien

Die Bewegung durch die Elemente des Chörten ist im vorigen Kapitel als aufsteigender Prozeß beschrieben worden, doch natürlich kann es sich auch um einen absteigenden Prozeß handeln.

Erschöpfung führt zum Aufgeben. Aufgeben führt zur Entspannung, die zur Erkenntnis der Erfahrung des Inneren Raums führen kann. Bei der Konfrontation mit dem Raum haben wir zwei Möglichkeiten: Wir können die Unsicherheit annehmen oder uns von ihr zurückziehen. Beides tun wir während unseres gesamten Lebens – dies ist das Ziehen und Stoßen zwischen dem Bekannten und dem Unbekannten.

Unsicherheit ist sowohl einladend als auch bedrohlich – ebenso wie uns Sicherheit lockt und erstickt. Wir können immer entweder ein Wagnis eingehen oder auf Nummer Sicher setzen.

Ohne Anleitung und völlig isoliert haben wir kaum eine Chance, durch die Qualitätssphären der Elemente aufwärts zu reisen. Wir müssen erinnert werden, und auch wir selbst müssen uns ständig daran erinnern, wie wichtig es ist, Sicherheit in der Unsicherheit zu finden. Wir müssen uns jeden Tag neu daran erinnern, denn wir laufen täglich Gefahr, auf Kosten eines unsicheren, aber aufregend neuen Abweichens von der Norm nach illusionärer Sicherheit zu greifen. Wir müssen die Vorstellung des Inneren Raums verarbeiten und sie durch die Shi-ne-Praxis verwirklichen. Nur wenn wir mit dem Inneren Raum vertraut sind, können wir im Alltagsleben nach Belieben mit ihm fließen. Wenn das Festhalten an habituellen Mustern uns erschöpft, brauchen wir die Erkenntnis des Inneren Raums, damit wir das Risiko eingehen, die Sicherheit unserer

Gewohnheiten loszulassen. Unser Leben besteht aus einer Folge von Barrieren, hinter denen wir uns verschanzen möchten. Unser Üben ermöglicht diesen Barrieren, sich in der Erfahrung des Raums zu enthüllen, wie eine Schlange ihre Verschlingungen selbst entwirrt.

Aus dem Zustand der Luft ziehen wir uns manchmal in Panik vor der Unermeßlichkeit des Raums zurück. Vielleicht sind wir so verstört, daß wir anfangen, unser Gefängnis aus dem verbliebenen Trümmerhaufen neu aufzubauen. Zunächst benutzen wir es bei schlechtem Wetter als Unterstand, doch im Grunde wollen wir uns vom Erlebnis der Offenheit abschirmen. Die Rationalisierungen nehmen schließlich überhand – wir finden eine Menge einleuchtender Entschuldigungen, die unser Wachstum sehr gefährden: »Schließlich wäre es da drinnen doch viel sicherer, und wir könnten ja ein Fenster einbauen, durch das wir jederzeit wieder ins Freie klettern könnten, wenn wir erst einmal etwas besser gewappnet sind.« Doch wir verstärken unsere Angst-Gewohnheit, nicht unsere Offenheit. Deshalb nagt die Angst ständig an uns. Das Fenster wird kleiner und kleiner, und irgendwann ist es ganz zugemauert; unser Sichtfeld ist nur noch so groß wie das Kaminloch.

Im Zustand des Feuers, den wir aus jenem Übermaß des Erlebens wiedererschaffen haben, das charakteristisch für das Luftelement ist, greifen wir sogar noch begieriger nach Sicherheit. Die in jeder Situation lauernde Raumerfahrung macht uns einfach zu nervös. Offenbar haben wir die Gewohnheit des Nicht-Begreifens wieder zu unserer Lebenshaltung gemacht und erkennen nicht, daß wir uns nicht für immer vor dem Raum verstecken können, weil Raum in jeder Situation präsent ist. Wir schwelen in unserer Nervosität und versuchen, jeden Gedanken über das andere Ende des Kamins zu unterdrücken. Doch überall und hinter allem lauert der Raum – er ist sogar Teil unserer sterblichen Überreste. Also füllen wir den Kamin mit Rauch, um den Himmel zu verdunkeln, und befinden uns wieder im Zustand des Elements Wasser.

Wir haben uns von den Möglichkeiten der Dimension des Feuers zurückgezogen. Mit den Rauchsignalen des Rückzugs

wollen wir jedoch keineswegs die Aufmerksamkeit auf uns ziehen; irgend jemand könnte auf uns aufmerksam werden und uns wieder ins Freie zerren. Wir hingegen möchten ruhig und inaktiv bleiben. Alle Einflüsterungen der Unsicherheit wollen wir verdrängen, und indem wir dies tun, schaffen wir die monolithische Gruft des Erdelements. Alle Zufahrtsstraßen sollen verbarrikadiert sein, jedes Risiko ausgeräumt, daß wir Dimensionen des Seins erfahren, in denen wir unserer Meinung nach nicht existieren können.
Damit sind wir wieder beim Element Erde angelangt. Wir befinden uns wieder in unserem Atombunker, und das letzte Geräusch für eine ganze Weile ist das schwere, dumpfe Zuschlagen der Bleitüren, die uns vom Input jeglicher Art abschirmen. Offenbar entspricht diese Situation unserem Bewußtseinszustand, doch Vorübergehende fragen sich, wer wir sind und warum wir so zusammengekauert dasitzen, wo wir doch draußen unseren Spaß haben könnten.
Jedes Entspannen ist eine Herausforderung, der wir uns entweder mutig stellen oder die wir aus Angst vor der völligen Vernichtung vermeiden können. Deshalb ist es wichtig, immer mehr zu erkennen, daß wir fortwährend aufhören zu existieren und immer wieder neu aus der Leere hervorgehen.
Wir haben die verschiedensten Vergleiche betrachtet, die versuchen, auf den Mond der Befreiung zu deuten. Eines ist jedoch klar: Ob es sich um einen behandschuhten Finger, einen tibetischen Finger, einen Chirokesenfinger oder einen kaukasischen Finger handelt – wichtig ist nicht der Finger, sondern der Mond.
Eine Myriade treffender und zweckdienlicher Vergleiche drängen sich wie von selbst auf, wenn man über die Elemente nachsinnt – die Zahl der Bilder ist ebenso unerschöpflich wie die der Erfahrungen. Ob wir daher über verschiedene Arten von Gefängnissen, Landschaften, Wetterbedingungen oder Transportmethoden sprechen, macht kaum einen Unterschied. Jeder bevorzugt andere Vergleiche, was mit der Einzigartigkeit der Erfahrung eines jeden Menschen und mit der speziellen Eigenart seiner individuellen Energien zusammen-

hängt. Die Persönlichkeitsbilder der Elemente, die ich skizziert habe, lassen vermutlich eine Menge Persönlichkeiten unbeachtet. Sicher kennen wir alle Menschen, auf die mehrere Elementebeschreibungen in diesem Buch passen. Die beschriebenen Charakterbilder sind zugegebenermaßen stark vereinfacht, denn so wie der Raum jedes Element durchdringt, tun dies auch die anderen Elemente. Jedes Element enthält alle anderen.

Die Erde hat Wasser-, Feuer-, Luft- und Raum-Qualitäten. Das Wasser hat Erd-, Feuer-, Luft- und Raum-Qualitäten und so weiter. Und wir leben auch nicht zu jeder Zeit in ein und demselben Zustand, sondern fluktuieren ständig. Wir verändern uns mit dem Charakter des Tanzes der Muster unserer Wahrnehmung und dem Traumtheater der Welt der Phänomene.

Dies ist eine sehr subtile Psychologie, und keineswegs ist beabsichtigt, daß wir nun versuchen sollen, Menschen in irgendwelche Kategorien zu pressen. Die Menschen kategorisieren sich auch schon ohne unsere Hilfe auf qualvoll vielfältige Weise. Deshalb braucht sich ein spirituell Praktizierender nicht auch noch einen pseudo-spirituellen Zeitvertreib daraus zu machen, andere Menschen nach irgendwelchen Maßstäben einzuordnen. Unsere Sache ist es, uns selbst zu beobachten und mit dem, was wir dabei über uns erfahren, zu arbeiten. Außerdem geht es darum, daß wir unsere eigene Klarheit finden, auf daß wir die aus indirektem Erleben gewonnenen Kategorien – unsere Angst vor dem Raum und unsere heimliche Sehnsucht nach Sicherheit – aufgeben.

Dieses Buch könnte wesentlich umfangreicher sein – wir hätten uns beispielsweise alle möglichen Unterarten von Persönlichkeiten anschauen können: den Feuer/Erde-Menschen, den Wasser/Erde-Menschen und so weiter. Doch das wäre im Grunde ziemlich beleidigend. Uns allen ist die Fähigkeit zur Klarheit wesenseigen, und durch die Shi-ne-Praxis kann sie geweckt werden.

Wir können dies alles selbst entdecken und auch unsere eigenen Analogien finden, die auf unserer eigenen reichen Erfahrungsgeschichte beruhen.

21

Der Tanz der fünf Schwestern der Weisheit

Die verzerrte Wahrnehmung des Elements Erde reflektiert *Festigkeit;* seine Projektionen manifestieren sich als unbeugsame Halsstarrigkeit.

Die verzerrte Wahrnehmung des Elements Wasser reflektiert *Flüssigkeit;* seine Projektionen manifestieren sich als Zähflüssigkeit – Haften an einer vertrauten Form.

Die verzerrte Wahrnehmung des Elements Feuer reflektiert *Aufsteigen;* seine Projektionen manifestieren sich als Hunger nach Entdeckungen – allesfressende Wissensgier.

Die verzerrte Wahrnehmung des Elements Luft reflektiert *Motilität;* seine Projektionen manifestieren sich als Freisein von Einschränkungen – verfuhrt von der Mannigfaltigkeit – berauscht von der Faszination des flüchtigen Augenblicks.

Die unverzerrte Raum-Schau reflektiert Leere; vibrierende, selbst-leuchtende Unermeßlichkeit. Frei von Erleuchtetsein und Nicht-Erleuchtetsein. Quelle aller eingeschränkten und nicht-eingeschränkten Phänomene. Raum manifestiert spontan als aus sich selbst heraus entstandenes, sich selbst vollendendes mitfühlendes Handeln. Dieser Ursprung des Seins ist der grundlose Grund, aus dem sich die Erscheinungen der phänomenalen Welt erheben und in den sie sich wieder auflösen – selbst-befreit vor jedem Anbeginn.

Leuchtende Leere! Große Mutter! Wesenskern der Elemente, Tanz der fünf Schwestern der Weisheit.

Ekstase – Dewa (bDe-ba)

Teil 4

Teil 4

Dorje-tröllo

22
Methode

Nun haben wir ein Bild vor uns, das seinerseits ebenfalls aus Bildern besteht. Es gleicht einem Kaleidoskop. Solange wir es jedoch nicht nutzen können, wird es zu einem geistigen Trugbild. Wenn dieses Bild für uns mehr sein soll als ein zartes Gebilde metapsychologischer Poesie, müssen wir eine Möglichkeit finden, diese Sicht vom Sein in unser alltägliches Leben zu integrieren. Dies ist der eigentliche Zweck des vorliegenden Buches.

Deshalb handelt das letzte Kapitel davon, was wir tatsächlich *tun* können. Hier geht es darum, wie wir das Beschriebene zur Arbeit an unseren Emotionen nutzen können. Um dies möglichst einfachen zu machen, habe ich ein Diagramm beigefügt, das die wesentlichsten Details der fünf emotionalen Grundmuster zeigt und die wichtigsten Schritte der Methode noch einmal zusammenfaßt. Sie finden das Diagramm am Ende dieses Kapitels.

Nun wollen wir einen Anfang suchen.

Zunächst einmal ist es wichtig, daß wir das Gelesene aufnehmen. Soweit mir bekannt ist, ist dies nur durch wiederholtes Lesen zu erreichen. Wenn das Gelesene uns *sinnvoll erscheint,* wenn es in unserem Inneren etwas *zum Schwingen bringt,* ist Erinnern kein Problem. Um dieses Material zu *kennen,* müssen wir *sehen,* wie es sich in uns selbst spiegelt – es darf nicht mehr nur äußere Information sein, es muß zu Wissen werden, das wir in uns selbst wiedererkennen. Eine Art Synapse muß funken zwischen dem *punktförmigen Augenblick* unserer Wahrnehmung und der manifestierten Emotion, die uns ergriffen hat.

Zunächst machen wir uns also mit Struktur und Bedeutung der in diesem Buch dargestellten Ideen vertraut.
Dann müssen wir *sehen*, was wir davon in uns selbst wiedererkennen. Dabei helfen die folgenden Fragen: »Entspricht dieses emotionale Muster meiner eigenen Erfahrung?« – »Hilft mir diese Darstellung, meine eigenen Emotionen zu verstehen?« – »Bin ich bereit zu erkennen, daß meine Emotionen so funktionieren, wie es hier dargestellt wird?« Wenn wir alle diese Fragen mit »ja« beantwortet haben, können wir fortfahren. Wenn unsere Antwort in allen Fällen »nein« lautet, müssen wir auf einem anderen Pfad weitergehen, – es gibt in dieser Welt viele Pfade, denen man folgen kann. Die Antwort »nein« bedeutet, daß Sie keinen »Draht« zu meiner Darstellungsweise haben. Das sagt nichts über die Essenz des Dargestellten aus, sondern nur etwas über meine persönliche Sicht und meine Art der Darstellung. Es gibt viele verschiedene Möglichkeiten, die Strukturen unserer Energien darzustellen, und natürlich wird meine spezielle Darstellung nicht jedem Leser liegen. Auch innerhalb eines bestimmten Lehrsystems hängt die Art der Erklärung von der Persönlichkeit des Vermittlers und von seiner persönlichen Erfahrung ab.
Mit der *Ansicht* zu arbeiten bedeutet, daß wir uns öffnen, um die fünffältigen Ausdrucksformen des Zerstreut-Seins als A und O unseres Erlebens zu sehen. Wir müssen die *Fähigkeit* entwickeln, unser alltägliches Leben als ein Netz von Möglichkeiten zu betrachten, in dem oder durch das wir die fünffachen Ausdrucksformen unseres Befreit-Seins erkennen können.
Zunächst machen wir uns mit der *Ansicht* vertraut.
Dann internalisieren wir sie durch Erfahren.
Der dritte Schritt ist, die Herausforderung des *absichtlichen Benennens* unserer Gefühle der Negativität, der Frustration, des Unbefriedigtseins und des emotionalen Schmerzes als *Türen* zu neuen Seinserfahrungen zu akzeptieren.
Sobald wir beobachten, daß eine negative Emotion entsteht, müssen wir diese *anschauen* und ihre »Qualitäten« untersuchen. Dazu ein Beispiel: Wenn wir Wut fühlen, wissen wir, daß

diese emotionale Energie durch eine Angstreaktion auf Raum entsteht. Wir haben uns den Raum in diesem Fall als eine feindliche Macht vorgestellt. Im Sinne des erkennbaren alltäglichen Bewußtseins werden wir wütend, wenn wir unsere Welt fürchten – wir sind unsicher und müssen zur Gewalt greifen, um uns zu »retten«. Wir glauben zu »wissen«, daß die beste Möglichkeit der Verteidigung der Angriff ist und daß sofortige Vergeltung oder das Erwägen von Vergeltungsmaßnahmen durchaus gerechtfertigt ist. Durch Gefühle der Angst und Unsicherheit nehmen wir die »Schlagkraft« anderer übersteigert wahr. Wir müssen ein Exempel statuieren, damit die Leute endlich merken, daß sie mit uns nicht nach Gutdünken umspringen können. Hoffentlich glaubt man uns, daß wir schlimmer beißen als bellen! Angefangen beim Türenschlagen und bei Schimpftiraden bis zu körperlichen Angriffen sind unsere Reaktionen auf die Welt von Gewalt geprägt.

Jedesmal, wenn wir einen Teil des fünffältigen Musters des Zerstreut-Seins bei uns erkennen, distanzieren wir uns damit von der künstlichen Intensität dessen, was wir fühlen. Wenn wir in der Lage sind zu sehen, daß wir auf eine unpersönliche, vorstrukturierte Weise agieren, können wir unser Handeln nicht mehr ganz so ernst nehmen. Indem wir uns angewöhnen, alle negativen Emotionen als solche wahrzunehmen, verschaffen wir uns etwas mehr Raum zum Atmen. Es ist fast so, als wären wir in einem stickigen, überheizten Raum, und plötzlich kommt uns die Idee, die Fenster weit zu öffnen – sofort ist ein Gefühl von Raum da, ein Ausdruck unserer *angeborenen Würde* als menschliches Wesen, den wir sorgsam hegen und respektieren sollten. Wir erleben zum erstenmal, wie der Raum durch das dichte Netz unserer Konditionierungen strahlt. Wenn wir unseren negativen Emotionen und dem Ernst, den wir in sie investieren, mit Argwohn zu begegnen vermögen, so können wir aus unseren alltäglichen Erlebnissen viel lernen.

Sobald wir erkennen, daß das, was wir als negative Emotion erleben, gar nicht so persönlich ist, gelingt es uns vielleicht, unsere Anhaftung ein wenig zu lockern. Wenn wir sie auch

nur ein wenig loslassen können, so ist dies ein Hinweis darauf, daß wir bereit sind, mit unseren Gefühlen zu arbeiten.
Haben wir erst einmal das Habituelle, Schematische aller Emotionen erkannt, müssen wir uns der *wesenseigenen einladenden Gelegenheit, sie anzuschauen*, öffnen.
Zuerst machen wir uns mit der *Ansicht* vertraut.
Dann verinnerlichen wir sie durch unser Erleben.
Anschließend bereiten wir uns vor durch die Absicht, uns selbst im Augenblick des »Aufspringens« auf vorgeprägte emotionale Muster »abzufangen«.
Viertens schauen wir den aufsteigenden Emotionen direkt »ins Gesicht«.
Dazu müssen wir die intellektuelle Analyse sofort aufgeben, nachdem wir das emotionale Muster erkannt haben. Wenn unser Intellekt dies geleistet hat, hat er fürs erste seinen Zweck erfüllt. Ich will damit sagen: Kartoffeln gräbt man mit dem Spaten aus, doch wenn sie auf dem Teller liegen, wird der Spaten überflüssig; bestehen wir dennoch darauf, den Spaten zum Essen zu benutzen, so machen wir uns damit vermutlich zum Narren. Der Intellekt ist ein wertvolles Werkzeug, doch wenn wir nicht lernen, wann er uns nützt und wann nicht, wird das, womit wir uns hier vertraut gemacht haben, zu einer Erweiterung des schwindelerregenden Whirlpools unserer konditionierten Reaktionen.
Das analytische Denken loszulassen bedeutet, der Emotion direkt ins Gesicht zu schauen. Dies können wir erreichen, indem wir das Empfinden der Emotion zum Subjekt/Objekt unserer Meditation machen. Wir konzentrieren dazu unsere gesamte Aufmerksamkeit auf das wortlose Empfinden unserer Emotion. Leidvolle Emotionen spüren wir häufig sehr real und unangenehm unmittelbar unterhalb des Brustkorbs. Dies ist der bekannte »Herzschmerz«. Wenn wir die Worte, das konzeptuelle Gerüst loslassen können, manifestiert sich diese Empfindung nicht mehr als Schmerz, und wenn wir die Präsenz unserer Aufmerksamkeit aufrechterhalten können, wird sie zu einer freien Energie. Zunächst scheinen Gedanken durch die zentrifugale Kraft der Empfindung wie zufällig auf-

zutauchen, doch wenn wir ihnen gestatten, vorüberzufliegen und in den Raum zu verschwinden, erkennen wir, daß nicht die Empfindung, sondern die zyklische Natur unserer Gedanken die Quelle unserer Krankheit, unseres Un-Behagens, ist. Wenn wir *einfach mit dem Empfinden* unserer Emotion *sein* und sie auf nonverbaler Ebene voll erleben können, wird ein dynamischer Umschwung eintreten. Jene unentwegt Ideen und Wortschwalle produzierende kreisende Energie hat ein *ruhiges Zentrum*, das dem »Auge« eines Wirbelsturms gleicht. Von dieser Erfahrung der Ruhe aus erkennen wir, daß das obsessive Kreiseln nicht durch die emotionale Empfindung verursacht wird, sondern selbst deren Ursache ist. Wenn wir die leere oder raumhafte Natur der Empfindung des emotionalen Schmerzes erkennen, löst sich dieser Schmerz in eine *ekstatische Empfindung* der *Präsenz* und des *Gewahrseins* auf.
Zu allen Zeiten haben Menschen versucht, die Erfahrung des Erleuchtetseins zu beschreiben. Die Ergebnisse solcher Bemühungen waren immer entweder zu einfach, zu kompliziert oder zu unklar, zu persönlich oder zu poetisch. Man kann die Bedeutung von Begriffen wie Erleuchtung, Befreiung oder Realisation nur verstehen, indem man sie persönlich erfährt. Es gibt keinen plötzlichen Durchbruch, der für immer bleibt – nur plötzliche, flüchtige Blicke. Doch solche Ahnungen ermutigen uns zu weiterem Bemühen. So entwickeln wir allmählich die Fähigkeit, diese Erfahrungen des nicht-bedingten Seins in unser Leben zu integrieren. Vollständige Integration des Zustandes der Nicht-Bedingtheit in jeden Augenblick unseres Seins ist völlige Erleuchtung. Das Streben nach dem Sein im gegenwärtigen Augenblick ermöglicht uns, mit unseren Emotionen zu arbeiten und, indem wir dies tun, unsere anfangslose erleuchtete Natur zu entdecken.
Wenn wir erkennen, daß wir wütend werden, und wenn wir genügend Vertrauen in die Ansicht entwickelt haben, können wir unsere Wut anschauen und sie als Weisheit der Klarheit erleben.
Wenn wir erkennen, daß wir uns in Stolz oder Arroganz verhärten, können wir unseren Hochmut anschauen und ihn als

Gleichmut und Gleichheit erleben. Wenn wir erkennen, daß uns das Verlangen festzuhalten verrückt macht, können wir unser Verlangen anschauen und es als unterscheidendes Gewahrsein des Mitgefühls erleben.

Wenn wir erkennen, daß wir in Verdächtigungen und Eifersucht erstarren, können wir unsere Paranoia anschauen und sie als Weisheit des sich selbst vollendenden Handelns erleben.

Wenn wir erkennen, daß wir uns in Depression verstecken, können wir diese überwältigende Empfindung anschauen und sie als brillante durchdringende Intelligenz im allumfassenden Raum erleben.

Dies ist zwar keine Wunderkur, aber eine Methode, die sofort Wirkung zeigt. Versagen ist unvermeidlich, wenn man versucht, etwas zu tun, was man eigentlich für unmöglich hält. Doch ebenso gewiß ist der Erfolg, und zwar gleich von Anfang an. Jedesmal, wenn wir versuchen, unseren aufsteigenden Emotionen ins Gesicht zu schauen, ist dies ein Schritt auf dem Weg zur Auflösung unserer Konditionierungen.

Selbst der Wunsch, damit anzufangen, ist schon ein Erfolg. Selbst ein erster fehlgeschlagener Versuch ist ein Erfolg, weil es »schlechte Meditationserfahrungen« nicht gibt – wir lernen immer etwas, solange wir uns dem Lernen nicht verschließen. Dies muß unsere Haltung werden. Mit Sicherheit werden wir viele Male erfolgreich sein und ebensooft versagen, so wie der Lachs, der die Wasserfälle hinaufspringen muß, um seine Laichgründe zu erreichen. Lebenslange innere und äußere Konditionierungen zu ändern ist schwierig, aber nicht unmöglich. Unsere Reise kann etwas erfreulicher sein als die der Lachse – wenn wir anfangen zu üben, werden wir eine Veränderung in unserem Leben bemerken. Das endgültige Ziel ist immer sowohl sehr nah als auch sehr fern, und wenn wir eines Tages erkennen, daß der Pfad selbst schon das Ziel *ist*, verlieren Konzepte wie Versagen und Erfolg ohnehin ihre Bedeutung.

Natürlich werden die Leser, die schon eine gewisse Erfahrung in der Meditation haben, diese Methode mit größerem Erfolg nutzen können als andere, die noch keinerlei Meditationspraxis haben. In jedem Fall jedoch kann das Wahrnehmen der Wellen negativer Emotionen uns zum Üben anspornen, wenn uns die Wahrnehmung in bezug auf die Gewohnheiten des Zerstreut-Seins desillusioniert. Wir alle haben unsere speziellen Fähigkeiten, und Menschen, die schon länger meditieren, müssen nicht unbedingt erfolgreicher sein als Anfänger, die sich zum erstenmal mit ihren Emotionen auseinandersetzen. Motivation ist eine notwendige Voraussetzung, und ohne die feste Entschlossenheit, direkt an den Emotionen zu arbeiten, werden selbst diejenigen, die glauben, in der Meditation erfahren zu sein, nicht zu Ergebnissen kommen. Es besteht ein trauriges Mißverhältnis zwischen der Zahl derer, die eine spirituelle Praxis pflegen und der Zahl derjenigen, die bereit sind, im alltäglichen Leben an sich selbst zu arbeiten. Für einige Leute ist der Pfad der tibetischen Mystik offenbar so etwas wie ein ausgefallenes esoterisches Hobby. Wenn wir uns dieser Art von Praxis zuwenden, sollte sie uns auch auf irgendeine Weise von Nutzen sein. Sich eine »mystische Weltsicht« zuzulegen, das Leben mit dem Praktizieren orientalischer Rituale zu verbringen und mit orientalischen Wörtern und spirituellen Binsenweisheiten um sich zu werfen, ist nichts weiter als ein leerer Zeitvertreib. Dann ist es immer noch besser, unbezahlte Arbeit für einen guten Zweck zu verrichten.

Wer die hier beschriebene Art des Übens als sinnvoll ansieht und wer ihren Zweck und ihre Funktion verstanden hat, der wird auf diesem Weg Fortschritte machen. Shi-ne kann nur dauerhaft üben, wer wirklich erfahren hat, daß diese Art zu üben sinnvoll ist. Wenn die Ansicht nicht zu erlebtem Wissen wird, werden wir nie die Ausdauer entwickeln, diese Übung unbeirrbar ein Leben lang weiterzuführen.

Feedback kann uns sehr dabei helfen, unsere menschliche Funktionsweise zu verstehen. Wie andere Menschen uns sehen, ist zwar kein völlig verläßlicher Maßstab, doch ist ihre Sicht zumindest ebenso real oder irreal wie unser Bild von uns selbst. Einige Menschen gefallen sich vielleicht in der Vorstellung, daß sie mißverstanden werden, und vermutlich trifft das in einigen Fällen auch tatsächlich zu. Im allgemeinen jedoch schätzen uns die meisten Menschen ziemlich gut ein, besonders, wenn wir die Ansichten mehrerer Beobachter zusammenfassen. Aus diesem Grunde können psychologische Beratungen, Encountergruppen unter sachkundiger Leitung und Übungen zur Förderung des inneren Wachstums im Einklang mit der Psychologie des tibetischen Tantra sehr nützlich sein. Diese Methoden ermutigen zur Offenheit, was wichtig für die Praxis des Shi-ne ist. Die Verbindung von Methoden, die in unserer Kultur entwickelt wurden, mit dem Pfad der tibetischen Mystik hilft unter geeigneten Umständen, unser Leben zu transformieren. So wird eine Brücke geschlagen zwischen den traditionellen tibetischen Lehren und ihrer praktischen Umsetzung im Westen.

Wenn wir das Anschauen unserer negativen Emotionen erfolgreich praktizieren und an dieser Art des Übens Gefallen finden, können wir mit unseren angenehmen Erlebnissen ebenso verfahren. Im allgemeinen ist es leichter, aus dem Leid zu lernen als aus der Freude; deshalb geben sich die meisten Menschen damit zufrieden, ihr Glück so zu belassen, wie es ist, weil sie es nicht gefährden wollen. Echte Freude und echtes Wohlgefühl jedoch werden nicht durch die Schärfe unseres Anschauens bedroht. Ausstrahlung entsteht, wenn wir die *Unsicherheit* zu unserer *Sicherheit* machen. Wenn unsere Freude real ist, erleben wir sie als vollendetes, vibrierendes Gewahrsein, das sich grenzenlos zu allen Wesen hin ausdehnt. Diese Methode basiert auf einer Praxis des tibetischen Tantra, die »Zap-Lam« genannt wird. Dabei erzeugt man absichtlich Emotionen, um sie anschauen zu können. Zap-Lam (der tiefgründige Pfad des Erkennens der gleichzeitigen Entstehung von Raumhaftigkeit und Ekstase) umfaßt die häufig mißverstandene und geheimnisumwitterte Praxis des sexuellen Tantra. Zu diesem Thema sind schon viele bizarre Theorien veröffentlicht worden, so etwa die Vorstellung, daß es sich um eine Art Test handelt, durch den letztlich Mangel an Interesse an sexueller Erregung nachgewiesen werden soll, oder die Ansicht, daß es sich um eine degenerierte Art des Übens handelt, bei der die Yab-Yum-Symbolik (Vater-Mutter) zu wörtlich verstanden wird. Sexualität ist ein wichtiger Bestandteil unseres Lebens und steht als solcher ebenso der mystischen Transformation offen wie jeder andere Lebensbereich. In Tibet gibt es zölibatäre und nicht-zölibatäre Traditionen, deren Übungsmethoden sich nach ihren jeweiligen Lehren richten. Der zölibatäre, mönchische Pfad basiert auf den Sutras des Großen Fahrzeugs (Mahayana), wobei äußere Entsagung als Mittel der inneren Transformation angesehen wird. Das reine, äußerst einfache klösterliche Leben mit seinen vielen Regeln und Vorschriften ermöglicht es den Nonnen und Mönchen, die sonst praktisch unvermeidbaren Verstrickungen des normalen Lebens mit seinen vielen Wahlmöglichkeiten zu umgehen. Der nicht-zölibatäre Pfad basiert auf den Tantras des Donnerkeil-Pfades (Vajrayana); diese betrachten die innere Entsagung als Mittel, um die Lebensumstände zum Pfad der Realisation zu transformieren. Die Aufrechterhaltung der äußeren Wahlmöglichkeiten hat den Vorteil, daß der Übende sich der Fülle des Lebens und seinen mannigfaltigen Möglichkeiten öffnet. Der eine Pfad bietet Einfachheit auf Kosten der Fülle des Erlebens, der andere bietet den Reichtum der Lebenserfahrungen, doch damit verbunden auch die Fülle der Verstrickungen, die manchmal überwältigend sein können. Keiner dieser beiden Pfade ist leicht zu beschreiten, doch das Leben so zu leben, wie die meisten Menschen es tun, ist auch nicht gerade leicht. Sexualität ist Teil unseres Lebens, aber die Vorstellung, daß wir tantrischen Sex etwa so praktizieren können, wie wir uns einen guten Film anschauen, ist – leider muß das gesagt werden – einfach lächerlich. Die meisten von uns könnten sich hinsetzen und eine meisterhafte Symphonie anhören, doch wer von uns könnte eine solche Symphonie auch schreiben? Im Prinzip könnte das natürlich jeder, allerdings nur, wenn er zuvor eine Menge Zeit und Mühe darin investiert hätte, die notwendigen musikalischen Fertigkeiten zu erlernen und zu meisterhafter Vollkommenheit zu entwickeln. Ich möchte mich hier damit begnügen zu sagen, daß der Übende machtvolle Fähigkeiten entwickeln muß, um mit den machtvollen Energien umgehen zu können. Um sich der wahren Praxis des Zap-lam widmen zu können, muß man in der Lage sein, die mystische Verpflichtung aufrechtzuerhalten, sich Rochig, die Geschmackseinheit von Raum und Ekstase, dauerhaft zu vergegenwärtigen. Die Essenz dieser und verwandter Übungen ist, eine Empfindung zu erzeugen und diese dann zum Subjekt/Objekt der Meditation zu machen. Die Empfindung wird als befreite Energie der selbst-leuchtenden ursprünglichen Weisheit erkannt.

Da Sexualität zum Leben gehört, kann es kaum gefährlich sein, wenn Menschen lernen, »sich« ein wenig gehenzulassen und mehr *uneingeschränkte Wärme* füreinander zu empfinden, unabhängig vom egoistischen Streben nach Belohnung. Wenn wir jedoch absichtlich Wut oder irgendeine andere negative Emotion erzeugen und es uns nicht gelingt, deren leere Natur zu erkennen, werden die nicht hilfreichen Wahrnehmungsmuster der unnötigerweise heraufbeschworenen Emotion bestärkt. Jedesmal wenn das Leben uns dazu veranlaßt, unser Potential zur Manifestation mächtiger negativer Emotionen freizusetzen, verstärken wir die verzerrte Macht jenes Potentials.

Wenn wir etwas viele Male wiederholen, werden wir geübt darin, um was es auch gehen mag. Wenn wir wiederholt einen Fehler machen, erwerben wir sozusagen eine besondere Fertigkeit darin, diesen Fehler zu machen.

Der Begriff »Fertigkeit« ist hier eindeutig wertfrei gemeint. Er hat nichts zu tun mit einer bestimmten handwerklichen Fähigkeit. Dazu fällt mir eine Begebenheit aus meiner Zeit auf dem Kunst-College ein. Im ersten Studienjahr war die Teilnahme an einem dienstags abends stattfindenden Schreibmaschinenkursus für alle Studenten Pflicht. Mir blieb dies erspart, weil ich zu jenen Unglücklichen gehörte, die schon recht »geübt« im Tippen nach dem Zweifinger-Suchsystem waren. Der Schreibmaschinenlehrer wußte aus Erfahrung, daß Zwei-Finger-Tippern das Tippen nach der »richtigen Methode« kaum noch beizubringen war – dazu wäre zuviel »Verlernen« notwendig gewesen. In jedem Bereich gibt es schlechte Gewohnheiten, die wir leicht »lernen« und die dann unseren weiteren Fortschritt behindern. Wenn wir unser Unerleuchtetsein verlernen wollen (auch das ist eine *Fertigkeit!*), sollten wir das Aufgreifen schlechter Gewohnheiten möglichst von Anfang an vermeiden. Ob wir lernen, ein Auto zu fahren, Cello zu spielen oder mit unseren Emotionen zu arbeiten, in jedem Fall ist es wichtig, keine kontraproduktiven Fertigkeiten zu entwickeln. Emotionen entstehen ohnehin jeden Tag, ganz gleich, was wir tun. Deshalb brauchen wir nicht noch zusätzlich Emotionen heraufzubeschwören. Wir haben ohnehin schon genug mit dem zu tun, was da ist.

Ich möchte jeden, der dies liest, von ganzem Herzen ermutigen, seinen Weg zu gehen, und ich hoffe, daß schließlich alle Menschen ihre Reise ins Unermeßliche antreten werden.

Kreis

Die Elemente und ihre Entsprechungen

Element	*Anfängliche Reaktion auf Raum*	*Farbe*	*Verzerrte Energie*
Erde	*Unwirklichkeit; Hohlheit; Unsicherheit; Zerbrechlichkeit*	*Gelb*	*Halsstarrigkeit; Stolz; Arroganz; Festigkeit; Eigensinn; Armut; Geiz*
Wasser	*Angst (vor unmittelbar erkannten Bedrohungen*	*Weiß*	*Wut; Aggression; Haß; Gewalt*
Feuer	*Isolation; Getrenntsein; Trostlosigkeit; Einsamkeit*	*Rot*	*Blinde Besitzgier; Besessenheit; Zwang; Verschwendungssucht*
Luft	*Verletzlichkeit; Angst; Nervosität; Panik (über das Gefühl der Wehrlosigkeit gegenüber Taktiken)*	*Grün*	*Neid; Argwohn; Eifersucht; Paranoia*
Raum	*Bestürzung darüber, von der Raumhaftigkeit übermannt, eingeschüchtert und überwältigt zu werden*	*Blau*	*Absichtliche Ignoranz; vorsätzlicher Stumpfsinn; gewollte Dummheit; Introversion; Depression*

Befreite Energie	*Richtung*	*Jahreszeit*	*Zeit*	*Khandro*
Ausgeglichenheit; Gleichmut; Gemütsruhe; Harmonie; Reichtum; Großzügigkeit	*Süden*	*Herbst*	*Später Vormittag*	*Rinchen*
Klarheit;spiegelgleiche Weisheit; durchdringende Einsicht	*Osten*	*Winter*	*Morgendämmerung, Sonnenaufgang*	*Dorje*
Unterscheidende Weisheit, Mitgefühl, reine Angemessenheit	*Westen*	*Frühling*	*Sonnenuntergang*	*Pema*
Selbsterfüllende Aktivität; spontane Vollendung; die Fähigkeit, frei und fließend zu handeln	*Norden*	*Sommer*	*Sonnenuntergang; früher Abend*	*Lekyi*
Unendliche, unbegrenzte Intelligenz; allesdurchdringende Weisheit; Allwissenheit	*Zentral; peripher; durchdringend; richtungslos*	*Zeit; Kontinuität*	*Zeitlosigkeit*	*Sang-gye*

Die Kalligraphien

Die Kalligraphien

Lama Sogyal Rinpoche, Tai Situ Rinpoche und Chögyam Trungpa Rinpoche haben mich sehr bei der Entwicklung der Kunst des Schrift-Symbols inspiriert und beeinflußt.

Meine erste Unterweisung in der tibetischen Schrift erhielt ich von meinen Adoptivgeschwistern, Dr. Pema Dorjee und seiner Frau Yeshi Khadro; beide sind sehr geübte und genaue Kalligraphen. Sie widmeten mir großzügig viele Stunden ihrer Zeit, angefangen von meinen ersten unbeholfenen Versuchen bis zu dem Zeitpunkt, als sie erstmals lächelten, weil mir die tibetischen Buchstaben zu ihrer Zufriedenheit gelungen waren.

Ich arbeitete oft abends bei Kerzenlicht; die einzige andere Lichtquelle an solchen Abenden war Yeshi las Kerosinofen, auf dem sie Tse-cho-cho (Gemüse und Nudeln) für uns zubereitete. Ich erinnere mich an einen solchen Abend gegen Ende der winterlichen Regenzeit. Die Blitze waren fast eine bessere Lichtquelle als die tropfenden Kerzen. Amji Pema la saß dann bei seinem letzten Patienten, las Pulse, stellte diagnostische Fragen und wurde immer wieder vom Rollen des Donners übertönt, der im Hochgebirge viel lauter ist als in anderen Gebieten. Kein Wunder, daß die Tibeter den Donner als Stimme des Drachens bezeichnen. Auf den Ebenen rollt der Donner hoch über uns im Himmel, aber genau dort befindet man sich ja in den Bergen. Während der Zeit, die ich mit meinen Adoptivgeschwistern in McLeod Ganj und in Katmandu verbrachte, lehrten sie mich die U-chen-Tsugs, die Großköpfige Schriftart, die benutzt wird, um Texte auf hölzerne Druckplatten zu gravieren. Diese Buchstaben zu schreiben wurde für mich zu einer so faszinierenden Tätigkeit und zu einer solchen Freude, daß ich viele Blatt Papier mit insgesamt wohl um die hunderttausend Ngak (Mantras oder Bewußtseins-Zauber) füllte. Ich verschenkte sie gewöhnlich als Füllung für die Manikhorlos, die »Wunschpfad«-Räder (Gebetsmühlen), die die älteren Tibeter besonders gerne auf dem Weg zum Markt und von dort zurück drehen.

Später zeigte mir mein großer Freund, der ehrwürdige Thubten Dadak, wie man die U-med-Tsugs schreibt, die kursive Schreibweise ohne großköpfige Buchstaben. Lama Sogyal Rinpoche hatte mir zum U-med-Stil geraten, weil er fließender und wegen seiner größeren Anpassungsfähigkeit für meine Zwecke geeigneter sei, doch mußte ich dazu ein fast völlig anderes Alphabet erlernen, was mir sehr schwer fiel. Zu allem Überfluß gibt es auch noch mehrere Varianten davon. Thubten la bewies unendliche Geduld, wenn er stundenlang die neuen Formen überprüfte, die meiner Hand noch nicht vertraut waren. Thubten la ist einer der größten Heiligen, die ich je kennengelernt habe, und ich war stets tief bewegt angesichts seiner echten Bescheidenheit und Gutherzigkeit. Wenn bei meinen Schreibversuchen ganz offensichtlich entsetzliche Resultate herausgekommen waren, sagte er: »Ja, gut, das ist der Anfang; später wirst du es ausgezeichnet können.« Wenn meine Schreibübungen auch nur einigermaßen ansehnlich waren, sagte er: »Oh, Chögyam la, das ist sehr schön.« Er schien stets hocherfreut über jeden kleinsten Fortschritt zu sein.

Jedes Schriftzeichen hat eine lebendige Persönlichkeit oder einen eigenen Charakter, der nur bei geübtem Schreiben einfließt und wenn die Hand genügend Geschicklichkeit entwikkelt hat, so daß sie gleichsam tanzt. Dieses etwas magische Gefühl für den Schreibfluß zu entwickeln, erschien mir zunächst schwer faßbar.

Die tibetischen Schriftzeichen sind in fernster Vergangenheit entstanden. U-chen wurde im Jahre 640 v. Chr. von König Srongtsen Gampos Minister Thonmi Sambhota entworfen, der die gefährliche Reise nach Indien wagte, um dort Grammatik und Alphabet des Sanskrit zu studieren. Daß die tibetische U-med-Schrift auf der Sanskritschrift basiert, erleichterte die Übersetzung von Texten aus den Sprachen Indiens und Ögyens ein wenig.

U-med hingegen basiert auf der alten Schrift von Zhang-Zhung, der prä-buddhistischen Zivilisation, deren Zentrum im Gebiet von Kailash in Tibet lag. Die alte Schrift wurde sMar-yig genannt, und heute nennen die Bonpo-Gelehrten sie sMar-Tsugs oder Lha-bab-yi-ge, »Schrift, die vom Himmel herabstieg«. Sie könnte über dreitausend Jahre alt sein. Wenn man die alte sMar-yig-Schrift mit U-med Tsugs, U-chen Tsugs und Sanskrit vergleicht, ist die Abstammung der einzelnen Schriften leicht zu erkennen (wie Lama Namkhai Norbu Rinpoche darlegte), und man sieht auch, wie sie einander in Tibet beeinflußt haben.

Meine kalligraphische Technik hat sich im Laufe der Zeit sehr persönlich und individuell entwickelt. Statt einer Feder benutze ich einen großen chinesischen Kalligraphie-Pinsel, und statt des traditionellen Tintenblocks, den man gewöhnlich zusammen mit einem solchen Pinsel benutzt, ziehe ich wasserfeste indische Tinte vor, weil sie klarere Konturen zeichnet. Ich schreibe mit dem gut mit Tinte durchtränkten Pinsel auf großformatigem (nicht immer gleichgroßem) handgeschöpftem Papier aus Sikkim. Bei der chinesischen und bei der japanischen Schreibmethode, mit denen ich ebenfalls vertraut bin, wird meist ein nur spärlich mit Tinte getränkter Pinsel und saugfähigeres Papier verwendet. Dies ändert das Ergebnis. Ich habe durch intuitives Experimentieren herausgefunden, welche Methode für meinen spontanen Ausdruck am geeignetsten ist.

Lange Zeit schrieb ich auf der Rückseite von Altpapier und bedeckte so allmählich die Wände meines Zimmers mit meinen Zeichnungen. Traditionsgemäß verbrennt oder vergräbt man solche Versuche, doch die Zeiten ändern sich, und die heutige Möglichkeit, Papier selbst zu Hause zu »recyclen« eröffnet eine Vielzahl von Möglichkeiten, mit verschiedenen Papierstrukturen, Farben und Mustern zu experimentieren.

Ich gewöhnte mir an, einen Stapel einseitig beschriebenen Papiers auf ein Blatt dicken, handgeschöpften Aquarellpapiers zu legen. Diese Idee kam mir, als ich mir im Haus eines Freundes einmal eine Fernsehdokumentation über die verschiedenen Anwendungsmöglichkeiten von Computern in der Industrie ansah. Darin war ein computergesteuerter mechanischer Arm zu sehen, dem ein Experte für Autolackierung »beibrachte«, wie man eine Autokarosserie lackiert. Der Lackierer führte den Sprüharm mit seiner eigenen Hand und sprühte so die Karosserie. Nachdem die Maschine auf diese Weise einmal programmiert war, konnte sie selbständig beliebig viele Karosserien ganz genauso sprühen. Das durch solche technischen Neuerungen zu erwartende weitere Ansteigen der Arbeitslosenzahl machte mich zwar nicht gerade glücklich, aber ich wurde durch das Gesehene angeregt, eine besondere kalligraphische Methode zu entwickeln.

Wenn es mir gelänge, meine Hand und meinen Arm durch ständige Wiederholung zu lehren, eine Zeichenfolge zu Papier zu bringen, hätte mein ankonditionierter Sinn für Ästhetik keine Chance mehr. Diese Methode der Methodenlosigkeit versetzte mich in höchste Aufregung – auf diese Weise würden meine gesammelten erworbenen ästhetischen Beurteilungskategorien den Bach hinuntergehen. Also kniete ich mich vor meinen Stapel Papier und fing ganz langsam an, ein bestimmtes Schriftzeichen immer und immer wieder zu zeichnen, wobei ich allmählich die Geschwindigkeit erhöhte, bis ich schließlich das vorletzte Blatt vollgeschrieben hatte. Dann legte ich den Pinsel zur Seite und versetzte mich in den Zustand der Meditation. Nach einer Weile nahm ich den Pinsel wieder, tränkte ihn mit Tinte und ließ meine Hand so zeichnen, wie sie es *wußte* – ich folgte ihr einfach mit angehaltenem Atem und leicht entfokussiertem Blick.

Eine Kalligraphie ist ein Akt der Selbst-Enthüllung – sie enthüllt, was wir sind. Wenn Sie also anderen Menschen Ihre Kalligraphien zeigen, so ist das ein wenig so, als würden sie vor Ihnen die Kleider ablegen. Es ist eine nackte Darstellung dessen, was wir sind. Das leere Blatt Papier ist ein leerer Spiegel, in dem wir uns durch Pinsel und Tinte selbst *sehen* können.

Die Methode funktionierte ausgezeichnet, doch mein Papier- und Tintenverbrauch war damals lächerlich hoch. Als ich einmal still vor dem letzten Blatt saß, klingelte das Telefon, wodurch eine neue, humorvolle Art der Kalligraphie-Malerei entstand: Bevor ich den Telefonhörer abnahm, warf ich noch schnell die Schriftzeichen aufs Papier.

Noch heute übe ich die einzelnen Schriftzeichen viele Male, bis meine Hand ihre Formen »fühlt«, doch benutze ich mittlerweile eine Feder und übe in kleinerem Maßstab, um nicht so viel Papier zu verbrauchen. Wenn ich meine Hand dazu trainiert habe, ein Zeichen selbständig akkurat zustande zu bringen, spüle ich Geschirr ab, fege den Küchenboden, bereite mir eine Mahlzeit oder verrichte sonst irgendeine Hausarbeit, die ansteht. Türglocke und Telefon sind zu bestimmten Tageszeiten regelmäßig auftretende Unterbrechungen; deshalb habe ich mir angewöhnt, meine Kalligraphien zu diesen Zeiten zu Papier zu bringen. Ich lege ein einzelnes Blatt Papier samt Tinte und Pinsel auf dem Schreibtisch bereit und wende mich der Hausarbeit zu, bis entweder das Telefon oder die Türklingel mich unterbricht. Das ist für mich das Signal, auf dem Weg zur Tür oder zum Telefon die Kalligraphie zu vollenden.

Der genaue Zeitpunkt ist mir auf diese Weise völlig aus der Hand genommen, und die Kalligraphie wird zu einem Teil meiner Hausarbeit – das gefällt mir. Ich kann mich unmöglich darauf vorbereiten, denn es gibt ja immer mal Tage, an denen man ein paar Stunden lang nicht unterbrochen wird. So bin ich völlig dem ausgeliefert, was ich tue und wie ich mich dabei fühle.

Etwa zu der Zeit, als ich dieses Verfahren entwickelte, tauchten Kleckse in meinen Kalligraphien auf. Da der Pinsel auf dem Weg zur Tür oder zum Telefon ziemlich schnell mit Tinte gefüllt werden mußte, war es mir unmöglich zu kontrollieren, wieviel Tinte sich im Pinsel befand. Deshalb tropften fast immer in der Eile Tintentröpfchen aufs Papier, in immer neuen Variationen.

Mein Freund Rainbow hatte eine Serie von fünf Kalligraphien bei mir bestellt und rief plötzlich einen Tag früher an als erwartet. Die Kalligraphien waren mir noch nicht zu meiner Zufriedenheit gelungen. Einige waren durch Kleckse »verdorben«. Ich war deshalb völlig erstaunt, daß er unnachgiebig dar-

auf beharrte, ich solle die »verdorbenen« Blätter keinesfalls durch solche ohne Kleckse ersetzen.
Sein schieres Entzücken angesichts der anarchischen Qualität der zufälligen Spritzer machte mich stutzig. Nachdem er gegangen war, schaute ich sie mir eine Zeitlang gründlich an. Sie waren tatsächlich sehr energiegeladen – sie gefielen mir. Ich versuchte den Gedanken wieder beiseite zu schieben, doch als ich vom Tisch aufstand, war mir klar, daß Rainbow recht hatte. Die Kleckse blieben also.
Ich hoffe, Ihnen gefallen die Kalligraphien in diesem Buch so sehr, wie es mir gefallen hat, ihnen ins Dasein zu verhelfen.

Ngakpa Chögyam
Roath, Cardiff, im Juni 1985

Quellen

Meine Quellen in bezug auf den mystischen, theoretischen und kulturellen Inhalt des vorliegenden Buches sind die tibetischen Lamas, die Nonnen, Mönche und Ngakpas, die weiter unten namentlich aufgeführt werden. Sie waren so freundlich, ihre Lehren in Vorträgen, Interviews, Büchern, Broschüren, Transskripten, Briefen, Gesprächen, Initiationen, Übermittlungen, Offenbarungen und Träumen weiterzugeben. Die Namen sind in alphabetischer Reihenfolge aufgeführt, mit Ausnahme der Oberhäupter der verschiedenen Schulen.

S. H. Dalai Lama
S. H. Dudjom Rinpoche
S. H. Sakya Trizin Rinpoche
S. H. Gyalwa Karmapa Rinpoche
Akong Rinpoche
Ani Pema Tsomo
Ani Pema Wangmo
Ani Tsultrim Zangmo
An Wangchuk
Ani Yeshe Kandro
Apo Rinpoche
Arnam Lama
Aro Rinpoche
Ato Rinpoche
Chatral Rinpoche
Chime Yönten Rinpoche
Chhimed Rigdzin Rinpoche
Chögyam Trungpa Rinpoche
Chögye Rinpoche
Chöje Gyatso Rinpoche
Dabzang Rinpoche

Deshung Rinpoche
Dilgo Kyentse Rinpoche
Dodropchen Rinpoche
Drukje Rinpoche
Drupön Rinpoche
Dzogchen Rinpoche
Gegen Khyentse Rinpoche
Geshe Damchö Yönten
Geshe Jampa Gyatso
Geshe Jampa Wangdü
Geshe Ngawang Dhargye
Geshe Rabten
Geshe Thekchok
Geshe Wangchen
Gomo Tulku
Gyaltsap Rinpoche
Jamgön Kongtrül Rinpoche
Jamyang Khandro
Jetsun Kushog Rinpoche
Jetsun Pema
Jigdral Dagchen Sakya Rinpoche
Kalu Rinpoche
Kangyur Rinpoche
Khamtrül Donju Nyima Rinpoche
Khamtrül Yeshe Dorje Rinpoche
Khensur Pema Gyaltsen Rinpoche
Khyentse Sangyum
Kunzung Dorje Rinpoche
Lama Ngawang Rinpoche
Lama Könchog Rinpoche
Luding Khen Ringpoche
Minling Trichen Rinpoche
Namkhai Norbu Rinpoche
Pawo Rinpoche
Phende Rinpoche
Ponlop Rinpoche
Rato Rinpoche

Sapchu Rinpoche
Sang-gye Nyenpa Tulku
Sang-gye Tendzin Jongdong Rinpoche
Shamar Rinpoche
Sogyal Rinpoche
Song Rinpoche
Tarthang Tulku
Thubten Dadak la
Thubten Yeshe Rinpoche
Thubten Zopa Rinpoche
Traleg Rinpoche
Trangu Rinpoche
Trijang Rinpoche
Trinley Norbu Rinpoche
Trongsar Rinpoche
Trundgram Gyaldrul Rinpoche
Tsenshap Serkong Rinpoche
Tsering Lama
Tulku Pema Wangyal Rinpoche
Yongdzin Ling Rinpoche

Kurse und Workshops

Für den Fall, daß Sie sich nach der Lektüre dieses Buches weiter mit der darin beschriebenen Thematik auseinandersetzen wollen, sei hiermit auf die mehrmals jährlich stattfindenden Kurse verwiesen, deren Kern der Inhalt dieses Buches ist.
Ngakpa Chögyam hält auch Councelling-Kurse ab, die auf dem Farb- und Elementensystem der Psychologie des tibetischen Tantra basieren. Außerdem leitet er Gruppen-Retreats, Meditationskurse, schamanistische Workshops und bereist auf Einladung andere Länder weltweit.
Weitere Informationen über Ngakpa Chögyam und das von ihm geleitete Lehrprogramm erhalten Sie gegen Einsendung eines großformatigen Umschlags und eines internationalen Antwortscheins, ausreichend für eine Sendung vom Gewicht von 12 DIN A4-Blättern unter folgender Adresse:

»Sang-ngak-chö-dzong«
Tibetan Tantric Periphery
203 Arabella Street
Roath Park
Cardiff CF2 4SZ
Wales
Großbritannien

Ende–Tha (mTha')